『最後の晩餐』レオナルド・ダ・ヴィンチ　（ミラノ、サンタ・マリア・デッレ・グラツィエ教会蔵）

The Last Supper, 1495-97 (fresco) (post restoration) by Vinci, Leonardo da (1452-1519)
Santa Maria delle Grazie, Milan, Italy/Bridgeman Art Library/amanaimages

イエスの右隣にいるのは、マグダラのマリアなのか？

（本文118ページ～）

パリ、ルーブル美術館蔵

Madonna of the Rocks, c.1478 (oil on panel transferred to canvas) by Vinci, Leonardo da (1452-1519) Louvre, Paris, France/ Bridgeman Art Library/amanaimages

――― どちらがイエスで、どちらがヨハネなのか？

（本文94ページ〜）

ダ・ヴィンチが描いた2枚の『岩窟の聖母』

ロンドン、ナショナルギャラリー蔵

The Virgin of the Rocks (with the Infant St. John adoring the Infant Christ accompanied by an Angel) c.1508 (oil on panel) by Vinci, Leonardo da (1452-1519) National Gallery, London, UK/ Bridgeman Art Library/amanaimages

なぜ絵は2枚あるのか？

ロンドン、ウエストミンスター寺院にある、
アイザック・ニュートンの墓

「神の原理」を解き明かした科学者にふさわしく、
あらゆる天体が表面に浮き彫りにされた
天球が、その墓を飾っている

SHODENSHA
SHINSHO

ダ・ヴィンチの謎
ニュートンの奇跡

——「神の原理」はいかに解明されてきたか

三田誠広

祥伝社新書

まえがき

この本を書く直接のきっかけは『ダ・ヴィンチ・コード』という映画を見たことにある。ここではレオナルド・ダ・ヴィンチとアイザック・ニュートンの神秘主義が魅力的に語られ、フィボナッチ数列が謎解きの暗号として紹介されていた。しかしはっきり言って、この映画や原作の小説は、神秘主義の表面だけをファッションのようにまとった、ただのキワモノである。確かにオカルトとか占いとか、日常性を一歩超えたところにあるミステリアスな領域に魅力を感じる人は多いのだろうが、ダ・ヴィンチやニュートンの魅力はもっと深く本質的である。その魅力を知るためには、ほんの少しの歴史の知識と、ごくわずかな数式が必要なのだが、それだけでダ・ヴィンチからニュートンに到る科学史の面白さを楽しめるし、たぶん人間としてこの世にあることの喜びが百倍くらいに増加するはずだ。

現代人は科学と宗教を対立するものとしてとらえている。しかしダ・ヴィンチからガリレイ、デカルト、パスカルを経《へ》てニュートンに到る時代にあっては、科学は宗教と不可分なものであった。科学は宗教の一部であるだけでなく、宗教をより深めるものが科学であったといってもいい。ピタゴラスの定理を発見したピタゴラスは新興宗教の教祖であった。その信仰はプラトンに影響を与え、若き日のイエス・キリストが修行したと考えられているエッセネ派の哲学にもつながっている。彼らは神が創り出した宇宙を認識（グノーシス）することで、神の領域に近づこうとした。ダ・ヴィンチは人体を解剖し、ニュートンは錬金術に没頭した。この二人は、カトリックからは異端とされる秘密結社に所属していたといわれている。しかしダ・ヴィンチもニュートンも、神そのものを否定していたわけではない。むしろ神を信じ、神の領域に近づくために、グノーシス的な世界に浸ろうとしていたのだ。

中国や日本では科学が発達しなかった。キリスト教のような絶対的な神が存在しなかったからだ。神が創造した宇宙には整然とした原理があるはずだ。その原理を究めることが神に近づくことだという信念のもとに、ダ・ヴィンチやニュートンは原理を探究し、近代科学を確立したのだった。その魅力的な発明発見の歴史を知れば、宗教についても、科学についても、新たな世界観が見えてくる。その喜びを読者とともに共有したいと思う。

２００７年２月

三田《みた》誠広《まさひろ》

目次

第3章　ダ・ヴィンチとイエス・キリスト
――イエスとはいかなる人物だったのか

第4章　ダ・ヴィンチの「岩窟の聖母」に秘められた謎
――ローマ・カトリックが支配した中世

第5章
謎に満ちたダ・ヴィンチの生涯
——天才は一人静かに「認識（グノーシス）」する

第8章　「唯一の神の領域」を目指してきた科学者たち

――ダ・ヴィンチとニュートンをつなぐ「グノーシス」の欲求

第9章　「神の領域」の終焉《しゅうえん》

――人類の認識の一つの到達点

第10章　神の秘密の切り札
——天才たちも気づかなかった「目に見えない存在＝電子」

エピローグ　考える葦《あし》としての人間
——神、宇宙と一対一で勝負する偉大さ

宗教と科学の歴史

世紀	宗教と科学に関する主な出来事
B.C.30世紀〜	・エジプト文明:「3:4:5」の直角三角形の活用
B.C.10世紀〜	・ユダヤ王国(ダビデ王、ソロモン王、B.C.1000〜586)
B.C.8世紀〜	・ローマ帝国(B.C.8世紀〜A.D.395東西に分裂)
B.C.6世紀	・バビロン捕囚(B.C.586)
	・ピタゴラス(B.C.570頃〜496頃):「三平方」の定理
B.C.3世紀	・エラトステネス(B.C.275頃〜194頃):地球の周囲の長さを測定
A.D.1世紀	・イエス・キリストの誕生
3世紀	・コンスタンティヌス大帝(274〜337):キリスト教をローマの国教に、ローマの首都をコンスタンティノープルに
4世紀	・ビザンチン帝国(395〜1453):オーソドックス(ギリシャ正教)の発展
	・中世(カトリックの全盛時代、4世紀末〜15、16世紀頃まで)
11世紀	・十字軍の派遣(11世紀末〜13世紀)
12世紀	・フィボナッチ(1174頃〜1250頃):アラビア数字を用いた計算

世紀	宗教と科学に関する主な出来事
15世紀	・レオナルド・ダ・ヴィンチ（1452〜1519） ・ニコラウス・コペルニクス（1473〜1543）：「地球の回転」を仮定
16世紀	・宗教改革、ユニテリアン思想の登場 ・ガリレオ・ガリレイ（1564〜1642）：振り子の法則、地動説
17世紀	・ルネ・デカルト（1596〜1650）：解析幾何学 ・ブレーズ・パスカル（1623〜1662）：気圧 ・アイザック・ニュートン（1642〜1727）：万有引力の法則
18世紀	・ルイジ・ガルバーニ（1737〜1798）：「直流の電気」の発見 ・ウィリアム・ハーシェル（1738〜1822）：天王星の発見 ・ピエール・ラプラス（1749〜1827）：天体力学の完成
19世紀	・ジェイムズ・マックスウェル（1831〜1879）：電磁気学の完成
20世紀	・アルベルト・アインシュタイン（1879〜1955）：相対性理論 ・ヴェルナー・ハイゼンベルク（1901〜1976）：不確定性原理 ・死海文書の発見（1947）

プロローグ

初めに「原理」ありき

――カトリックと科学は一つのものだった

「初めに言葉ありき」は何を意味するのか

これからわたしが書こうとしているささやかな本は、宗教と科学に関するものだ。宗教と科学というと、現在では対立するものと考えられがちだが、歴史的に見ればけっして対立するものではない。正確にいえば、科学というものは、ヨーロッパの中世には存在しなかった。キリスト教（とくにカトリック）はその出発点から、中世と呼ばれる時代の終わりまで、今日、科学と呼ばれるような、原理の探究を封印していた。ただ例外は、石工《いしく》と錬金術師たちであったが、農業を中心とする一般の人々は、科学など必要とせず、ただひたすら神だけを信じていればよかったのだ。

キリスト教が起こる以前、古代ギリシャの時代には、科学は存在した。しかしそれは、浮力の法則を発見したアルキメデス（彼は実用的な科学技術を重視した）を除いては、おおむね思弁的で、哲学と呼ばれる領域の一部と考えられていた。さらに、ピタゴラス学派と呼ばれた人々は、数学の中に神秘を見出していた。宗教と科学は対立するものではなく、一つのものだったのだ。

中世の終わりに、産業の発達から必然的に科学技術の萌芽《ほうが》が起こり、その萌芽はたちまち成長して急速に発展した。その過程で科学的な原理の探究も発展していくことになる。当初、教会は教会公認の知識の体系の中に科学を取り込もうとしていた。これは格別に無理なことでも不自然なことでもなかった。科学は歴史的に、神の存在と深く関わっているのである。

新約聖書に収められている四つの福音書の一つ、「ヨハネによる福音書」の冒頭には、こう書かれている。

初めに言葉ありき。

ここで「言葉」と書かれているのは、ギリシャ語のロゴスであり、まさに言葉ではあるのだが、言葉によって究められる原理をも意味している。なぜ「初めに言葉ありき」なのか。ここでは、カトリックの神父が聞いたら目を回しそうなロジックで、なぜ初めに言葉があるかを証明しよう。まずは旧約聖書の第一ページを開いていただきたい。「光あれ」と神は命令するのである。すると光があった、と聖書には書かれている。

いまでは、こんなシーンには誰も驚かない。言語を認識するマイクロコンピュータを電灯のスイッチに仕掛けておけば、「光あれ」と声に出して指示を与えれば、スイッチが入って電灯が点《つ》くといったことは簡単にできるし、実際にそれに似た商品も開発されている。しかしこの世の始まりに、神が「光あれ」と命じた時には、もちろんコンピュータなどはなかっただろう。ではいったい何があったのか。

原理があったのである。「光あれ」と神が命じた時、それに呼応して光が出現するようなシステムがすでに設置されていた。少なくとも神が「光あれ」と命じる以前から、そのシステムは存在していたのだろう。従って、この世の始まりは、神が「光あれ」と命じた瞬間ではない。それ以前から、神の声に応じて光を出現させる原理は存在していたのだ。だからこそ、「初めに言葉（原理）ありき」なのである。

「神の正体」は聖書の冒頭に書かれている

ただし、「ヨハネによる福音書」の冒頭にもう一度目を向けると、「初めに言葉ありき」のあとには、こんなことも書いてある（わかりやすくするために今度は口語で引用する）。

初めに言葉があった。言葉は神とともにあった。言葉は神であった。

つまり最初に原理があって、それから神の出番が来たというのではなく、言葉は神と一体となっていて、言葉イコール神であったということだ。これはすごい指摘である。神とは何か。それは原理（言葉）だと、ヨハネは言っているのだ。

ただし、この魅力的な言葉を冒頭に掲げているのが、「ヨハネによる福音書」という、他の三つの福音書とはやや異質の福音書だということは、記憶しておかなければならない。このような見解を述べ、ことさらに冒頭に掲げたのは、ヨハネだけだ。他の福音書の作者（マタイ、マルコ、ルカ）は、こんなことは一言も書いていない。四つの福音書の中で、ヨハネは特別の存在である。そしてその理由は、この福音書の作者がヨハネと呼ばれることにも関係する。ヨハネと呼ばれる人々は、ピタゴラス学派と同じような、一種の神秘主義者だったのだ。

ヨーロッパの男性の名前で最も多いのは、ヨハネだろう。イギリスではジョン、アイルランドではショーン、ドイツではヨハンまたはハンス、スカンジナビアではヤン、フランスではジャン、スペインではファン、イタリアではジョバンニ、ロシアではイワン……。これだけ並べておけば、有名な映画俳優や、文学作品の登場人物を、何人も挙げることができるだろう。

そして、「新約聖書」の中にも、ヨハネという人物は何人も登場する。まずはイエスに洗礼を施《ほどこ》すバプテスマのヨハネ。この人物はイエスよりも大きな教団を率いていた。次にイエスの十二使徒の一人のヨハネ。このヨハネは「ヨハネによる福音書」では、「主に愛された弟子」と呼ばれている。この使徒ヨハネと、福音書の作者は、たぶん別人だろう。使徒ヨハネが書いたのだとしたら、自分のことを「主に愛された弟子」と書くのは、いささか僭越《せんえつ》ではないだろうか。

「新約聖書」には他にも「ヨハネの手紙」と「ヨハネの黙示録《もくしろく》」が収録されている。これらのヨハネがすべて同一人物とは思えない（他にも長老ヨハネという人物が活躍したことが知られている）。ヨハネという名前は増殖するのだ。ヨハネの名が冠《かん》された文書には共通点がある。過剰なほどの神秘主義。これはおそらく、バプテスマのヨハネの教えから引き継がれたものだと思われる。バプテスマのヨハネの弟子は、自らもヨハネと名乗る傾向がある。これがヨハネ増殖の秘密である。

神を信じた人間が、科学原理を追究した

ところで、神と神秘主義とは、必ずしも重なるものではない。とくにカトリックという教団は、神秘主義を弾圧した。神父の言うことだけを信じよ、というのがカトリックだ。聖書は大切なものだが、それは聖書の前にひざまずけばいいのであって、中身を読もうなどと考えてはいけないものであった。聖書を読めば、「ヨハネによる福音書」の冒頭を読まねばならず、神秘主義に傾いてしまうおそれがある。カトリックにとって、神秘主義は異端であった。はっきり言って、カトリックは聖書を民衆から遠ざけていた。聖書の翻訳が禁じられていたので、ラテン語の読めない民衆は、聖書を読むことができなかったのだ。だからこそプロテスタント（新教）を興《おこ》したマルティン・ルターは、「聖書に帰れ」と叫んだのだった。

カトリックは民衆に、ものを考えないほうが幸福になれると説いた。考えることを弾圧したと言っていい。ただ石工や、錬金術師たちは、自分たちの目的のために、原理を追究せずにはいられなかった。彼らは、自分たちのまだ知らない領域に、必ず原理があると考えていた。そしてその原理は、神よりも前にあったかどうかはともかく、ほとんど神と同時にあっ

たのであり、いわば神とともにあったものである。

こんなふうに考えてみよう。神は全知全能である。原理を創《つく》ったのも神である。だからこそ原理は美しく整然としていなければならない。原理はただのデタラメではない。まだ人間が知らないだけで、教会の大伽藍《だいがらん》のような構造をもっているはずなのだ。すなわち原理は、隠された教会である。わたしたちは偶然、その一部、石造りの壁の小さな表面や、窓の鉄枠の破片《はへん》のごときものに接しているだけだが、やがてその全体をつなぎあわせていけば、巨大な構築物が見えてくるはずだ。

あるいはこんなふうに考えてみよう。神はわたしたちの前に、トランプのカードを伏せて並べている。いまその一枚が開かれた。一枚が見えているだけでは、その意味はわからない。しかし、二枚、三枚とカードが開かれていくうちに、カードとカードの関係が見えてくる。そして、いつの日か、すべてのカードが開かれた時に、その全体が、見事に整理された体系をもっていることが判明する。なぜならば、それは神が創ったものだからだ。神がデタラメなものを創るはずはない。従って、原理を追究していけば、そこには必ず整然とした体系が見えてくる。科学の先駆者たちは、そのような信念によって、原理を追究した。彼らは、神を信じていたのだ。

世界で最初に「神を全否定した」科学者

アイザック・ニュートンが基礎を完成させた天体力学を、細部に到るまで綿密《めんみつ》に検証して、太陽系のすべての天体の動きをシンプルな数式で解明することに成功した、フランスの天文学者、ピエール・ラプラスは、「天体力学」という全五巻の大著を発表した。時代はすでに19世紀に入り、フランスはナポレオン（一世）の時代になっていた。

この成り上がりの皇帝は、近代科学を愛好していて、ラプラスの著作にも目を通した。何しろラプラスは、ナポレオン政権下で内務大臣を務めるほど、政治にも熱心に関与する人物だった。とはいえ、ラプラスは科学史の中でもめったに出現しない数学の大天才だったので、その著作は、俗物のナポレオンには理解不能だったと思われる。

しかしナポレオンは、歴代の政治家の中では、科学に造詣《ぞうけい》の深い人物であった。理解に及ばないところはあったものの、ラプラスの著作が、天体の運動をほぼ完璧に、数学的に解明していることについては、正確な理解をもっていたものと思われる。

ナポレオンはラプラスを招いて、その著作を誉め称え、最後に一つだけ、質問した。

「きみの著作に、神についての記述がないのは、どういうわけだね？」

ラプラスは胸を張って答えた。

「閣下、そのような仮説は不要です」

おそらくこれが、科学者が神を全否定した最初の宣言であったと思われる。

ラプラスの前には、神が伏せておいたトランプカードは、すべて開かれていたのだった。

そしてそのカードは、整然とした見事な体系をもっていた。すなわちニュートンが発見し、ラプラスが完成した天体力学である。それはこの当時としては、物理学そのものといってよかった。なぜなら、電磁気学も原子物理学も有機化学も、科学者はその第一の扉すら開いていなかったのだから。ラプラスが知っていたのは、科学のごく一部の、力学と呼ばれる領域にすぎなかった。しかし力学に関しては、ラプラスはほぼすべてを解明していた。すべてのカードが開かれてしまえば、その見事な体系は、自明のものと感じられる。それを誰が創ったかといったことは、どうでもよいと、ラプラスには感じられたのだろう。

しかしそれ以前の科学者は違った。カードが一枚ずつ開かれていく過程では、その先に何があるかわからない。一枚開くごとに、何かしら膨大《ぼうだい》にしてシンプルな体系がひそんでいるのではと感じられる、その胸のおののきは、単純に、神秘、あるいは神の奥義《おうぎ》（ギリシャ語でミステリウス）と呼んでよい心の動きだろう。体系の全体を発見したのはニュートンだが、最初に気づいたのはガリレオ・ガリレイだ（その結果彼は宗教裁判にかけられることになる）。そしてガリレイ以前に、すでにその端緒《たんしょ》を直観的に把握していたのではないかと言われるのが、レオナルド・ダ・ヴィンチである。

ダ・ヴィンチとニュートンをつなぐ秘密結社

ダ・ヴィンチは周知のように、「最後の晩餐《ばんさん》」や「受胎《じゅたい》告知」や「岩窟《がんくつ》の聖母」を描いた画家である。最も有名な「ジョコンダの微笑」（モナ・リザ）は宗教画とはいえないが、画家としての彼の仕事の大半は宗教画であった。依頼されたから描いたといえばそれまでだが、神への篤《あつ》い思いがなければ、芸術に命が宿ることはなかっただろう。ただし、ダ・ヴィンチはカトリックの対極にある人物であった。考えることを禁じたカトリックに反抗して、ダ・ヴィンチは原理を追究した。そのノートには、科学技術に関する新しいアイデアがちりばめられていた。

ダ・ヴィンチは神秘主義者だった。彼がシオン修道会という秘密結社の総長であったことは、最近、大きな話題となった。ニュートンもまたその同じ結社の総長であったといわれている。そこには、ダ・ヴィンチからニュートンに到る一つの流れがあったのではないか。そう考えてみると、確かにこの二人には奇妙な共通点がある。

ダ・ヴィンチは宗教画家の仮面をかぶった死体解剖の専門家であり、ニュートンは造幣局《ぞうへい》長の仮面をかぶった錬金術師であった。仮面の内と外との二面性をかかえていたという点では、共通点がある。さらにこの種の秘密結社は、男性ばかりの閉鎖的な組織であることが多い。その生涯に、ほとんど女性の影が見えないという点でも、ダ・ヴィンチとニュートンはきわめて似かよっている。

だが、そのことはあとでゆっくり語るとして、ここではこの本の趣旨だけを、簡単に述べておきたい。

本書は秘密結社の活動を追究することが目的ではない。そうではなく、神秘主義から出発した科学が、いかに宗教と闘い、やがて宗教と訣別《けつべつ》したか。その神秘的でダイナミックな物語を、軽い読み物として読者に提供したいとわたしは考えている。

必要に応じて、神学や、哲学や、天体力学（物理学）、化学、数学などの話もするが、数式などは必要最小限度として、小学生でもわかるような話しかしない。しかし最後まで読んでいただければ、宗教と科学に関する秘密のヴェールが、あなたの目の前に開かれていくことだろう。

だから大きな期待をもって、と同時に、ごく気軽に、次のページをめくっていただきたい。

第1章

フィボナッチ数列

——「黄金比」が神の存在を証明する

13世紀にフィボナッチが出版した、画期的な算術書の中身

最初にフィボナッチ（1174頃〜1250頃）のことを書いておこう。映画『ダ・ヴィンチ・コード』をご覧になった方なら、フィボナッチ数列が暗号として効果的に用いられていることにお気づきだろう。けれども、フィボナッチ数列とは何かということは、映画を見ただけではわからない。宗教と神秘主義の狭間《はざま》を生きる先駆者《せんくしゃ》として、まずフィボナッチという人物について、語らせていただきたい。

なお、あらかじめ指摘しておきたいのは、この説明には数字や数式をほんの少し用いなければならない。数字のきらいな人は、その部分だけ目をつぶっていただきたい。しかし時々目を開けて、要所だけを押さえておけば、それだけで、目からウロコが落ちるような、素晴らしい体験が得られることを保証しておきたい。

フィボナッチは12世紀の後半から13世紀にかけて生きた貿易商である。13世紀といえば、15世紀半ばに生まれたレオナルド・ダ・ヴィンチよりもはるかに前の時代であり、いまだ中世のまっただ中であった。

カトリックは原理の追究を禁じたが、貿易商は仕事の必要上、計算をしなければならなか

った。アラビア人たちは、ギリシャ人が発明した数学を継承し、代数学を発展させていた。そもそもローマ数字では計算ができない（せいぜい時計の文字盤になるくらいのものだ）。インド人が開発した０（ゼロ）を用いた表記法で、アラビア人たちは巧《たく》みに計算をした。やがてヨーロッパの商人たちも、アラビア数字で計算するようになったが、その先駆者がフィボナッチである。

フィボナッチというのは、「ボナッチの息子」という意味であり、本当の名前はレオナルド・ピサーノである。このピサーノというのも「ピサの人」ということだから、名前は単にレオナルドである。ちなみにレオナルド・ダ・ヴィンチの「ダ・ヴィンチ」というのも、「ヴィンチ村の人」という意味で、名前は単にレオナルド。つまりフィボナッチとダ・ヴィンチは、まったく同じ名前の人物だということになる。区別のためにこの本では、フィボナッチ、およびダ・ヴィンチという呼び方をしよう。

フィボナッチの父も商人で、アフリカ北海岸のアラビア系の商人と交易する機会が多かった。フィボナッチは子供の頃から父とともにアフリカ北海岸を旅行し、アラビア人の家庭教師から算術を学んだ。従ってフィボナッチにとっては、アラビア数字を用いた計算法は当たり前のものであった。

この便利な計算法をヨーロッパの人々に伝えるために、フィボナッチは「算術の書」という本を出版している。まだ二〇代のことだ。この本は何度も改訂版が出て、その度に充実したものになっていったが、基本的な内容はすでに初版にすべて盛り込まれていた。これは商人のための実用的な計算法を記した本であるが、二次方程式や三次方程式の近似解《きんじかい》を求める方法なども扱っている。ヨーロッパに初めて代数というものを紹介した画期的《かっきてき》な本であり、商人たちには愛用されたが、産業が未発達の中世という時代にあっては、数学や科学の発展に役立つためには、２００年ほどの年月が必要だった。

アラビア数字を用いた計算は、17世紀になってルネ・デカルト（「われ思う、ゆえにわれあり」と述べた哲学者）によって、解析幾何学《かいせききかがく》という、アラビア人も考えつかなかった独創的な世界を開いた。解析幾何学では、放物線や双曲線などの曲線を、代数的な処理で描くことができる。この曲線はやがてアイザック・ニュートンの微積分《びせきぶん》という手法で完全に解明されることになる。神の存在という仮説は不要だと言いきったピエール・ラプラスの自負は、その流れの果てに生じたものだ。

増殖するウサギを扱った奇妙な問題

すべてはフィボナッチから始まったと言っていいのだ。残念ながら、フィボナッチの同時代人は、「算術の書」の偉大さを理解することはなかった。ただその中に書かれたウサギの増殖を扱った奇妙な問題だけが、建築や美術に関わる人々に、重大な示唆を与えることになった。

1対《つい》のウサギのカップルがひたすら子供を産み続けるとして、どんなふうにウサギの数が増えていくか。これがそのウサギの問題である。わかりやすくするために、nという変数（nには1、2、3……という自然数が順次挿入される）を用いて、フィボナッチの問題を記述しよう。

「1対のウサギが、生まれて2カ月後から、毎月1対の子供を産むとする。1カ月後、2カ月後、……nカ月後のウサギの対《つい》の総数（ウサギのカップルが何組あるか）を求めよ」

この種の問題は順番に考えていくしかない。最初に1対のウサギのカップルがいる。1カ月後には何ごとも起こらない（子供を産むのは2カ月後だ）。ウサギのカップルは1対のままでである。2カ月後には、最初の1対の子供が生まれる。ウサギのカップルの数は2対となる。3カ月後にも、もう1対のカップルが生まれる。カップルの数は3対となる。4カ月後にも、もう1対のカップルが生まれるが、最初に生まれたカップルが1対の子供を産んで、ウサギは2対増えるから合計5対となる（次ページ図①）。ここまで来ると、一つの法則性が見えてくる。

2カ月前のカップルの数だけ、カップルの数が増えるので、1カ月前のカップルの数に、2カ月前のカップルの数を足せばいいのだ。そこで、0カ月の出発点から、順次、1カ月ごとのカップルの数を列に並べて書いていくと、こういうことになる。

1、1、2、3、5、8、13、21、34、55、89、144、233……

これがフィボナッチ数列である。この数列の特徴は、隣り合っている二つの数を足すと、その答えが右隣（真下）の数になるということだ。たとえば、3＋5＝8、8＋13＝21、という具合だ。これだけのことだが、この数列には重要な意味がある。隣り合った数で割り算をすると、その答えが黄金比に収束していくのだ。

図① フィボナッチ数列

	ウサギのカップル	ウサギのカップルの数
0カ月	① 1番目のカップル	1
1カ月後	①	1
2カ月後	① ↓ 子供を産む ②	2
3カ月後	① ② ↓ ③	3
4カ月後	① ② ③ ↓ ↓ ④ ⑤	5
5カ月後	① ② ③ ④ ↓ ↓ ↓ ⑥ ⑦ ⑧ ⑤	8
6カ月後		13
7カ月後		21
8カ月後		34
9カ月後		55
10カ月後		89
11カ月後		144
12カ月後		233
⋮	⋮	⋮

黄金比とは何か？

黄金比。

最も美しい比率。エジプトのピラミッドにも用いられているという神秘の比率が、このフィボナッチ数列に秘められている。そして、これがダ・ヴィンチの秘密を解くカギになるのだ。

そこでまず、黄金比とは何かということを、しっかりと説明しておかなければならない。難しい話ではない。図②を見ていただこう。長方形ＡＢＣＤがある。このタテの長さを１とする。１センチでも１メートルでもかまわない。とにかく１である。ヨコの長さをｘとする。

ｘというのは未知数であるが、１・６くらいの長さにしておくと図が描きやすい。

さて、長方形の左下、Ｂを中心に半径１の円を描く。長方形の下辺ＢＣと交わったところをＱとする。その真上のところに点Ｐをとると、長方形が線分ＰＱで分割される。この時、長方形ＡＢＣＤと、長方形ＱＣＤＰが相似（タテとヨコの比率が同じ）である場合に、このｘの長さを１に対する黄金比という。

相似であるから、二つの長方形のタテとヨコの比率は同じである。ヨコのほうが長いので、

「黄金比」の求め方

図②

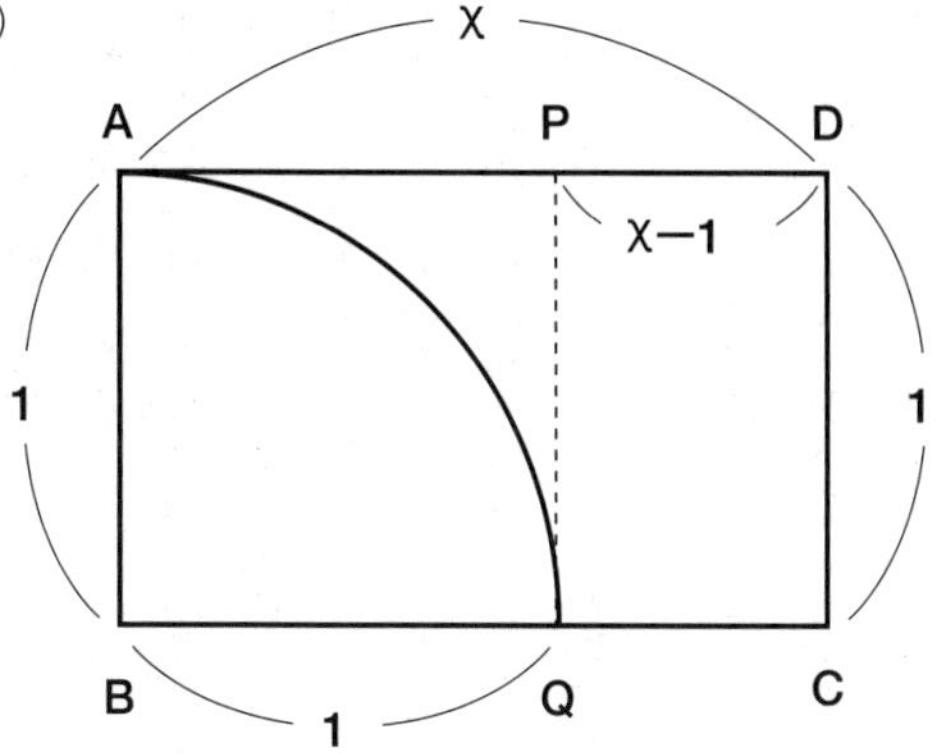

図③

$$\frac{x}{1} = \frac{1}{x-1}$$

$$x^2 - x = 1$$

$$x^2 - x + \frac{1}{4} = 1 + \frac{1}{4}$$

$$\left(x - \frac{1}{2}\right)^2 = \frac{5}{4}$$

$$x - \frac{1}{2} = \frac{\sqrt{5}}{2}$$

$$x = \frac{1+\sqrt{5}}{2}$$

$$x = 1.618033988\cdots\cdots$$

ヨコの長さをタテの長さで割ってみよう。長方形ＡＢＣＤの場合は、ｘを１で割るので答えはｘ、長方形ＱＣＤＰでは長い方の辺が１でこれをｘ－１で割る。これが等しいということだから、中学校で代数を習った人なら、ｘの値を求めることができる（前ページ図③）。

これが黄金比である。ここには$\sqrt{5}$（ルート５）がからんでいるので、答えは無理数になる。つまり小数点以下の数字が、循環せずに無限に続いていく。が、ちょうど小数点以下４ケタのところに０が出るので、概数として１・６１８という値が用いられることが多い。

線分を１と黄金比に分割することを、黄金分割という。黄金分割の作図は、実に簡単である。図④を見ていただきたい。直角三角形ＡＢＣがある。ここでは高さにあたるＡＣの長さを１、底辺ＢＣの長さを２としておく。すると斜辺ＡＢの長さが$\sqrt{5}$になることは、ピタゴラスの定理をご存じの方には自明である。

さて、コンパスを用意して、Ａを中心に、半径ＡＣの円を描く。斜辺ＡＢと交わった点をＤとする。こんどはＢを中心に、半径ＢＤの円を描き、底辺ＢＣとの交点をＰとする。これでオーケーである。ＰはＢＣを黄金分割する。つまりＰＣの長さを１とすると、ＰＢの長さは黄金比、すなわち右に示した１・６に近い無理数になる。

図④　黄金分割

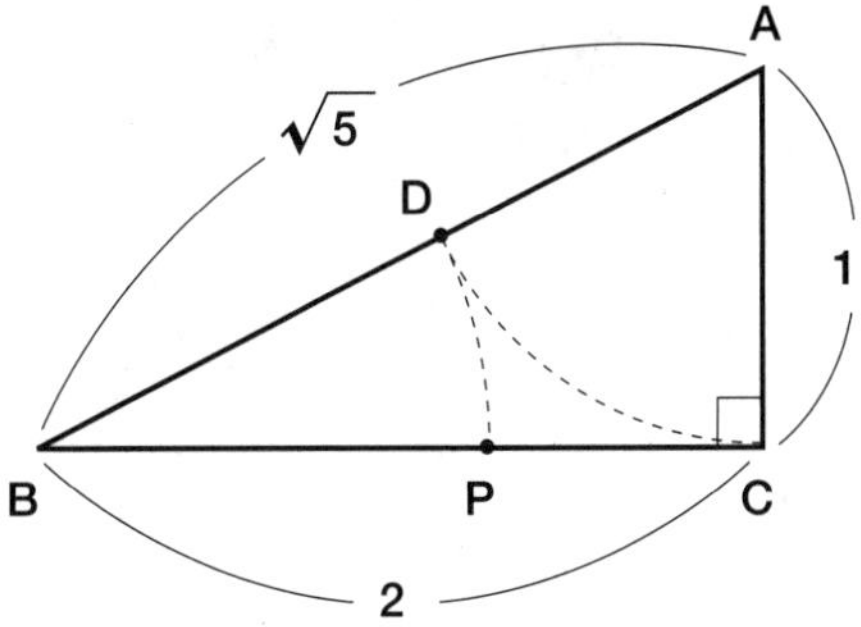

ピタゴラスの定理

$$AB^2 = AC^2 + BC^2$$
$$AB^2 = 1 + 4$$
$$= 5$$
$$AB = \sqrt{5}$$

PB：PC＝1.618……：1

図⑤　箸《はし》の袋で作る「五角形」

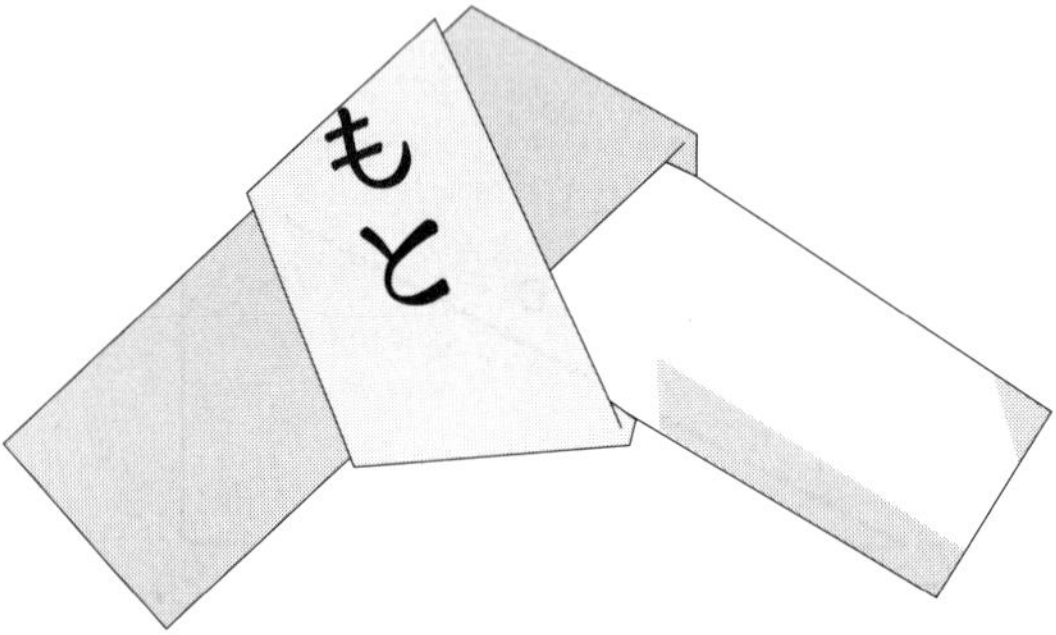

黄金比に収束していくフィボナッチ数列

$\sqrt{5}$という数字が出てくることからもわかるように、この黄金比は、五角形と関係がある。正五角形の対角線同士は、互いを黄金分割することになる。また正五角形の一辺の長さと対角線の比も黄金比になっている。それゆえ古代ギリシャの技術者は、正五角形が作図できることを、自らの誇りとしていた。

もっとも、近似的な五角形なら、簡単に作ることができるので、居酒屋などで仲間に見せてやるとウケること間違いない。どうするかというと、箸《はし》の袋で結び目を一つ作るのである。すると見事な五角形が出現する（図⑤）。

話が横道に逸《そ》れた。フィボナッチ数列に話を戻すと、この数列の隣り合った数字を、小さいほうを分母、大きいほうを分子として分数を作ると、その値は黄金比にきわめて近いものになる。しかも不思議なことに、この分数を一つ置きに並べていくと、ある種の法則性が見えてくる。

そこでまず、1を1で割った分数の次に、2を1で割った分数はとばして、3を2で割った分数を置き、そこから先も一つ置きに分数を並べていく。

1、1、2、3、5、8、13、21、34、55、89、144、233……

$\frac{1}{1}=1.000000000$

$\frac{3}{2}=1.500000000$

$\frac{8}{5}=1.600000000$

$\frac{21}{13}=1.615384615$

$\frac{55}{34}=1.617647058$

$\frac{144}{89}=1.617977528$

……

値が少しずつ増えていくことがわかるだろう。増え方は少しずつ微妙になっていって、最終的には黄金比の1.618033988に収束する。

今度は先ほどとばした分数だけを並べてみる。

1、1、2、3、5、8、13、21、34、55、89、144、233……

$$\frac{2}{1}=2.000000000$$

$$\frac{5}{3}=1.666666666$$

$$\frac{13}{8}=1.625000000$$

$$\frac{34}{21}=1.619047619$$

$$\frac{89}{55}=1.618181818$$

$$\frac{233}{144}=1.618055555$$

……

こちらは値が少しずつ減っていく。そして結局、黄金比に収束する。つまりこのフィボナッチ数列の上下に隣り合った数字で構成される分数の値は、振動しながらやがて黄金比に収束するという性質をもっているのだ。これは比喩でいえば、体重計に乱暴に飛び乗ったようなもので、初めのうち針は激しく上下するけれども、そのうち針の振動が小さくなり、最終的には適正な体重に落ち着くのと同じである。

フィボナッチ数列は、数が大きくなっていけばいくほど、隣り合った数字の比率が黄金比に近づいていく。

自然は黄金比でできている

さて、ここからが問題である。このフィボナッチ数列は、単にウサギの繁殖問題の答えが、たまたま黄金比に収束していく、というものではない。45ページの図⑥を見ていただきたい。ここには中心から右向きにカーブしていくスパイラルと、左向きにカーブしていくスパイラルとが、交差している。よく見ると、このスパイラルの本数が、右向きカーブが13、左向きカーブが21になっている。従って、このスパイラルの交差によって形成される長方形の辺が、黄金比に近い値になっているのだ。

これはヒマワリの花の中心部の種がある部分を模式図としたものだ。花がもっと大きくなると、21対34、あるいは34対55となる。つまりヒマワリの花は、フィボナッチ数列でできているということになる。同じような模様は、ヒナギクや野菊でも確認できるし、マツボックリやパイナップルも同様である。

また先ほどの図⑥のスパイラルそのものが、黄金比によるカーブであることを、図⑦で確認しておこう。ここには黄金比の説明で用いた長方形がある。この長方形に線分を一本描いて、短いほうの辺でできる正方形を作る。すると残りの部分に小さい長方形ができるのだが、この小さい長方形は、もとの長方形と相似であるというのが、黄金比のそもそもの法則であった。するとその小さい長方形の中にも短い辺でできた正方形を描くことができる。このようにして無限に小さい長方形を増殖していくことができる。そうしておいてから、最初の正方形に図のように円を描いていくと、まるで巻き貝のカーブのような曲線ができる。実際の巻き貝の形も、ヒマワリのスパイラルも、このような黄金比のカーブでできているのだ。

自然は黄金比でできている。その美しさと、整然とした秩序の合理性。これこそが神とともにあったロゴス（原理）なのだと、中世の人々は考えた。世界が黄金比に満ち、合理的な原理によって構成されているのは、そのような世界を神が創ったからだ。そして、そのような世界を美しいと感じるように、人間の美意識は創られているのだ（もちろん神によってということだが）。ヒマワリの種がフィボナッチ数列に従って並んでいることも含めて、この世界が黄金比の美に満ちていることは、神の存在の証拠だというしかない。

図⑥　ヒマワリの種の並び方

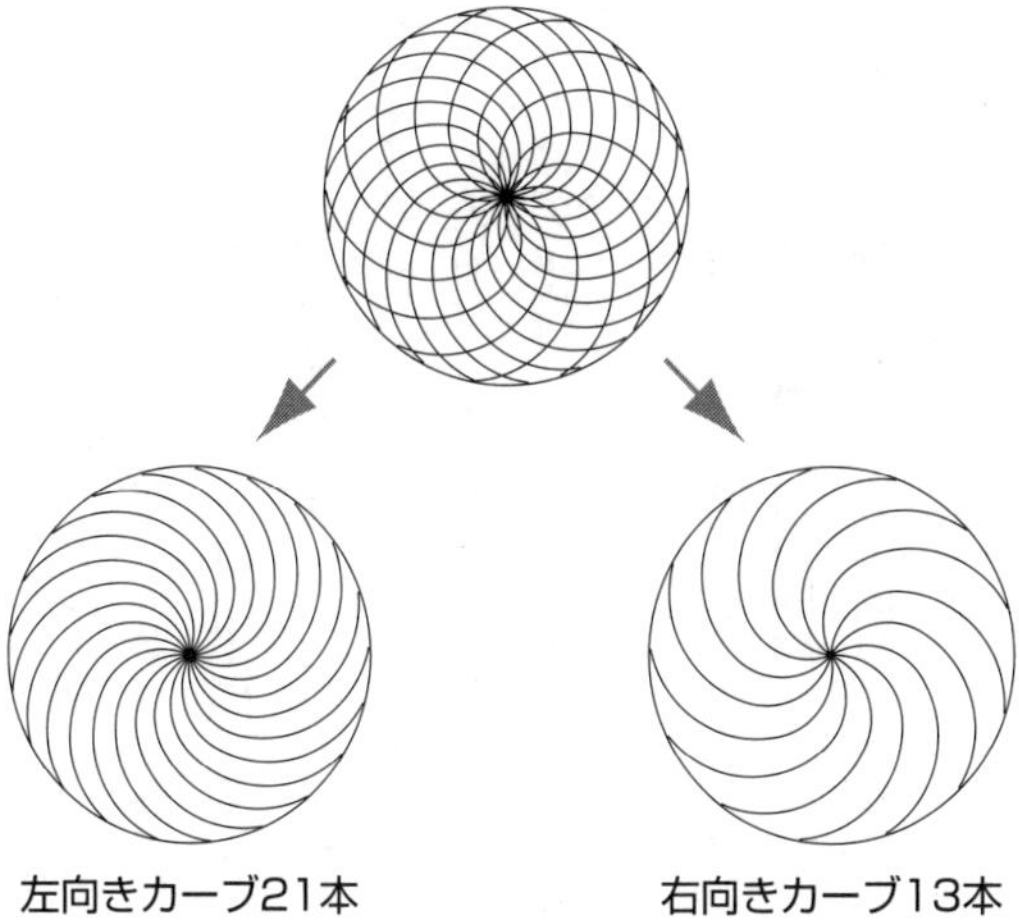

図⑦　「黄金比のカーブ」の作り方

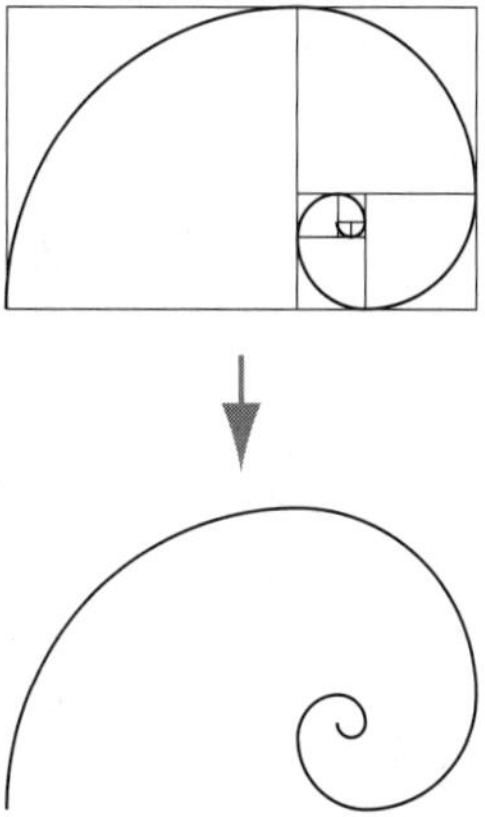

とはいえ、ナポレオンに向かって神を全否定したピエール・ラプラスによれば、そのような仮説は不要だということになる。ではこの世界はなぜこれほどまでに美しいのか。誰がヒマワリや巻き貝やパイナップルを創ったのか。チャールズ・ダーウィンなら、こう答えるだろう。自然淘汰《とうた》（自然選択）によって進化したものだと。進化論で説明すれば、生物のような複雑な存在も、神の手を借りずに、美しく、合理的に進化していくことができる。

わたしたちが黄金比を美しいと感じるのは、世界がそのように進化したので、単に見慣れているからだということになる。見慣れているからこそ、人間自身が創ったさまざまな芸術作品や、工芸品も、フィボナッチ数列を用いることになる。その比率に慣れているから、わたしたちは黄金比でないものを不自然と感じ、バランスが悪い（だから美しくない）と考える。

では自然の中に、なぜ黄金比やフィボナッチ数列が満ちているのか。レオナルド・ピサーノ（フィボナッチ）の最初の問題が、ウサギの繁殖に関するものであったことを考えれば、細胞分裂や生物の成長にも、同じような法則があてはまるのだろう。成長する茎から生えるつぼみ、葉、枝の方向を真上から見ると、ここにもフィボナッチ数列が見られるし、さまざまな生物の形状に、正五角形が見られる。それは美しさのためというよりも、生物の成長に本質的に関わった形状なのだろう。

黄金比を、自らの芸術に徹底活用したダ・ヴィンチ

これは数学の本ではないので、フィボナッチの話はこれで終わる。レオナルド・ピサーノの死後、およそ200年後に生まれたもう一人のレオナルドの話をしなければならない。レオナルド・ダ・ヴィンチは、黄金比の効用を熟知し、自らの作品のさまざまな局面に多用した画家である。

ダ・ヴィンチは中世の終わりを生きた画家である。同時にルネサンスと呼ばれる新時代の潮流がすでに興っていた時代でもあるが、それはイタリア（およびフランドル）の美術に限定されたもので、近代合理主義というものは萌芽も見えない時代であった。あの地動説を唱えたニコラウス・コペルニクスは、ダ・ヴィンチより二〇歳ほど年下である。

先に述べたように、ダ・ヴィンチはシオン修道会という秘密結社の総長であったといわれるが、これは神を否定する結社ではなく、単にカトリックの権威を否定する組織だった。おそらくダ・ヴィンチは、黄金比というものを、神の賜物《たまもの》と考えていたのだろう。ダ・ヴィン

チは日々神に感謝しながら、神が創造したこの美の秘密原理を、自らの芸術に活用していたに違いない。

ところで、シオン修道会については、イエスに付き従ったマグダラのマリアという女性(娼婦だとされている)を崇拝する集団だとする説がある。そこから女性を崇拝する組織ではないかといった通俗的な拡大解釈が生まれてくるのだが、この組織が十字軍の遠征でエルサレムに赴《おもむ》いた若者たちによって結成されたという経緯や、ダ・ヴィンチの周辺には弟子の美少年がいるだけで、女性の影がまったくない(ニュートンも同様だが)ことからも、この組織はむしろホモ集団に近い、純粋な男だけの親密な組織ではなかったかとわたしは考えている。

マグダラのマリアに対する崇拝は、第二次世界大戦の直後に発見された「トマスによる福音書」などのグノーシス文書が出発点だろう。この驚くべき福音書には、「双子のトマス」と呼ばれる使徒が特別の弟子として描かれているのだが、同時に、マリハム(ミリアム↓マリハム↓マリアと転訛《てんか》)という女性が、イエスの第一の弟子として位置づけられている。このことの意味については、のちほど詳しく述べることにして、次の章では、数というものの神秘について、古代ギリシャから始まる歴史の流れを見ておきたい。

絵画や、建築技術や、造形芸術に関わる者ほど、神というものの偉大さ（正確に言えば神が創造した世界の美しさ）に感動して、神を讃《たた》えずにはいられなかった。その基本は、数学である。フィボナッチ数列と同じような、数の不思議と、そこから生じる驚きや畏敬《いけい》の念をチェックして、宗教と科学が訣別《けつべつ》する瞬間への、歴史的なステップを確認することにしよう。

第2章

三角形の不思議

――「数の神秘」に神を見たピタゴラス

古代エジプトでは、どうやって三角形を作ったか

フィボナッチ数列は、シンプルな整数の数列である。シンプルなのに奥が深い。こういうものに遭遇《そうぐう》すると、人間は、神というもののことを考えずにはいられなくなる。もっとシンプルな神秘がある。辺の長さが3：4：5の三角形である。

古代ギリシャの歴史家ヘロドトスが「エジプトはナイルの賜物」と述べたように、エジプト文明はナイルの河口地帯に発生した。一般的にアフリカ北海岸には、砂漠が広がっている。多くの川は、真夏には干上がってしまう。ところがナイル川は、上流のエジプト高原やスーダンのあたりの集中的な降雨で、真夏に大洪水が起こる（現在はアスワンダムの建設で洪水は防がれている）。

その洪水がエジプトの繁栄を支えていた。乾燥地帯の耕地は、水分の蒸発によって塩害に悩むのがつねだが、洪水は塩分を洗い流し、上流の森林地帯の肥沃《ひよく》な養分を運んでくる。洪水のおかげで肥料を施《ほどこ》す必要もなく、毎年の豊作が約束されていた。

収穫された穀物は、とりあえずすべて王宮の中に運び込まれる。過酷な租税のようだが、何カ月にも及ぶ洪水の期間、王はピラミッド建設などの公共事業を実施し、仕事のない農民

図⑧　古代エジプト人が活用した三角形

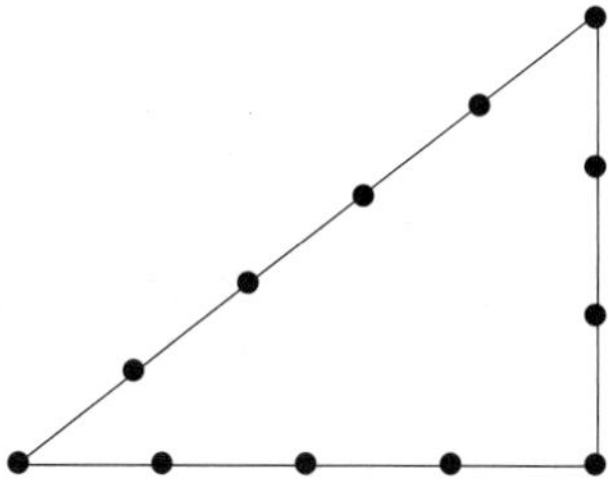

たちに賃金を支払った。あの巨大なピラミッドを見ると、奴隷《どれい》に鞭《むち》打って働かせたように思いがちだが、最近の研究によると、労働者は働いた日数に応じて日当をもらえたし、休みたければ休んでもよかったようだ。あのピラミッドというのは、王権の誇示のために建設されたのではなく、農民を救う公共事業だったのだ。

それはともかく、問題なのは、洪水のあとの耕地の分配だった。農民たちはそれぞれに自分の耕作地を割り当てられていたが、土地を区分けする目印の杭《くい》などは、洪水で流されてしまう。丘の上のピラミッドの頂点などを目安にして、土地の線引きをする必要があったが、その作業で活用されたのが、３：４：５の三角形だった。

長いロープを用意する。まず結び目を、ある間隔をあけて二つ作る。間隔の長さは、適当でいい。次に同じ間隔で、結び目を作っていく。12の間隔ができたところで、ロープの両端を結び合わせる。こうして輪になったロープを、３人の人間が、それぞれの間隔が３：４：５になるように引っぱると、輪は直角三角形になる（前ページ図⑧）。

この巨大な直角三角形があれば、洪水で何もなくなった土地を、新たに区分けすることができる。しかも、３：４：５という数字のシンプルさ。まさに神の賜物のような三角形だ。

だが、この３：４：５の三角形は、なぜ直角三角形になるのだろうか。その前に、このような整数の組み合わせでできた直角三角形は、他にあるのだろうか。実は５：12：13という三角形も直角三角形になることが、古くから知られていた。こういう整数の組み合わせは、無限にある。そしてこのような数は、ピタゴラス数と呼ばれている。

秘儀《ひぎ》として隠されていたピタゴラスの定理

ピタゴラス（BC570頃～496頃）は紀元前６世紀後半の数学者であるが、宗教家といってもいい人物だった。出身はエーゲ海のサモス島だが、青年期はエジプトで数学を学び、故郷を離れて南イタリアで学派を築いた。当時の南イタリアにはギリシャの植民都市が多く、オルフェウス教と呼ばれる宗教が広まっていた。

オルフェウス教の特色は、インドのバラモン教と同様の、輪廻転生《りんねてんしょう》という世界観だ。わたしたちの肉体は限界をもった牢獄《ろうごく》のようなもので、その中に閉じこめられている魂《たましい》（プシケ）は永遠不滅である。肉体から解き放たれた魂は永遠に生きる。その魂の救済のためには、禁欲的な生活と浄《きよ》めの儀式が必要である。

ピタゴラスはこのオルフェウス教の世界観を踏襲《とうしゅう》しながら、数の神秘が魂を救済するという新たな学説を提唱した。一種の新興宗教である。３：４：５の三角形がなぜ直角三角形になるかを、ピタゴラスは幾何学によって証明したと伝えられる。これはピタゴラスの定理と呼ばれ（日本では三平方《さんへいほう》の定理とも呼ばれる）、中学生でも知っている。３：４：５の三角形に限らず、すべての直角三角形には、次の法則が成り立つ（直角を挟んだ辺をａとｂ、斜辺をｃとする）。

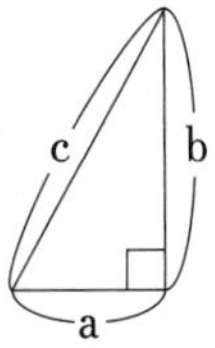

$$a^2 + b^2 = c^2$$

また整数の組み合わせでできる直角三角形の三辺には、次の法則が成り立つことが知られていた（mはnより大きいとする）。

$m^2 - n^2$（下図のa）：$2mn$（下図のb）：$m^2 + n^2$（下図のc）

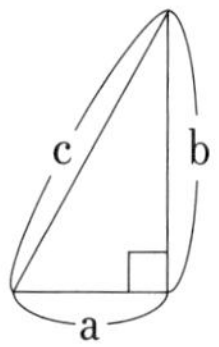

mが2、nが1の場合が、3：4：5の三角形だ。整数（この場合は正の整数だから自然数というべきだが）は無限にあるから、組み合わせも無限に存在することになる。なお、3：4：5のような、連続した数の組み合わせは、これしかない。読者がもしおヒマなら、mとnにいろんな数を入れて試してみると、楽しいヒマつぶしになるはずだ。

ピタゴラス学派は閉鎖的な集団だった。数の神秘にひたることが、神の領域に近づくことであり、その結果、魂が救済されると考えていたので、集団で数学に没頭したのだが、その結果を外部に公表しなかった。従ってピタゴラスの定理も秘儀とされていた。そのため、かなりの大発見をしていたはずなのだが、それが科学の発展に寄与するということもなかった。

また集団で数学の研究をしていたので、わずかに残っている業績も、ピタゴラスのものなのか、弟子たちのものなのかは、わからなくなっている。

だからピタゴラスの定理と呼ばれるものも、ピタゴラス本人が発見したのか、弟子が発見したのか、本当のところはわからない。まあ、そんなことはどうでもいい。この学派が、数（とくに整数）というものに、神秘を求めていたということだけを指摘しておけばいいだろう。

ピタゴラス学派は、数学というよりも、神秘主義的な新興宗教の教団であったから、時にはあまり合理的とはいえない宗教的な見解を展開することもあった。たとえば、奇数は男性、偶数は女性と考え、男性数3と女性数2の婚姻によって生じた和5を、神秘的な数と考えていた。これは正五角形が黄金比を生じさせる美しい図形であり、正五角形を作図できるということが、教団のメンバーだけに与えられた秘儀であったからだ。

「ド・レ・ミ・ファ・ソ・ラ・シ」という音階の神秘

ピタゴラス学派は、数学だけでなく、天文学、医学、音楽なども研究していた。天文学や医学は、科学の領域だが、音楽と数学のつながりとは何か。音楽と数学には密接なつながりがある。音楽の基礎には整数が関わっているからだ。ヴァイオリンやギターを演奏される方ならすぐわかることだが、ピンと張った弦の2分の1のポイントを押さえて音を出すと、オクターブ上の音になる。3分の2とか、4分の3といったポイントを押さえていけば、音階《おんかい》が出る。ド・レ・ミ・ファ・ソ・ラ・シという音階は、整数の比でできているのだ。これはまさに、神秘というしかない。

ちなみにギリシャの人々は、5、あるいは7を、特別の神秘的な数だと考えていた。5は人間の指の数であるが、それよりも、惑星《わくせい》が5個であるということから、特別の数と考えられたのだろう。この場合の惑星というのは、地球から見える惑星であるから、地球は含まない、水星、金星、火星、木星、土星のことだ。天王星は18世紀後半にウィリアム・ハーシェルが口径2メートルの望遠鏡で発見するまでは、まったく存在が知られていなかった。

「惑星」という名前が付けられた理由

星空は地球の自転によって、回転しているように見える。星が動くといっても、天球そのものをドームだと考えると、動いているのは天球ドームだけで、星はドームの表面に貼り付いて動かないと見なすこともできる。このように、天球ドームに対して動かない星を恒星《こうせい》と呼ぶ。ところが水星、金星、火星、木星、土星（これは中国式の呼び名でギリシャでは神々の名がつけられていた）の5個の星だけは、天球ドームの上をふらふらとさまよっているように見える。そのため惑星（プラネット）と呼ばれることになった。

惑星はなぜ惑星なのか。これは謎というしかなかった。現在なら、太陽の周囲を惑星が公転していることは、小学生でも知っている。地球の自転によって天球ドームの全体は（南天を見た場合）左から右へ（東から西へ）つねに回転しているのだが、地球の公転によって時間にして1日に4分ほど、太陽の見かけの位置は移動する。天球ドームに貼り付いて動かない星座（恒星が描く模様）と比べれば、相対的な位置が右から左へ、少しずつ移動していく。惑星もおおむね右から左へ移動するのだが、水星と金星は太陽の周囲で微妙に振動しているように見えるし、火星、木星、土星は、内側の軌道《きどう》を回る地球が追い抜いていくことがあるので、惑星が天球ドーム上で止まったり、逆行しているように見えることがある。大昔の人々にとっては、惑星の動きは不可解としかいいようがなく、これは神の啓示ではないかと考えた。そこから、占星術《せんせいじゅつ》というものが生まれた。

天球ドーム上を移動するのは、五つの惑星だけではない。太陽と月も、少しずつ天球を移動していく。太陽は1年をかけて、十二宮《きゅう》と呼ばれる星座を移動していく。月は1カ月で天球を1周する。中国や日本では、月が毎日、一つずつ星座を移動すると見て、二十八宿《しゅく》(宿というのは星座のこと)というものを設定している(たとえば昴《すばる》も二十八宿の一つだ)。五つの惑星に、太陽と月を加えて、七つの天体が天球ドームを移動していく。そのため、7という数字も、ラッキーナンバーと考えられるようになった。

7がラッキーナンバーなのは、英語圏の場合、7(セブン)と天国(ヘブン)が韻《いん》を踏んでいるということもある。しかし、古代の多くの国で採用されていた太陰暦《たいいんれき》(新月《しんげつ》から新月までを1カ月とする)では1カ月が29日か30日になるので、7日を単位(週)として月を分ければ、生活にリズムができて暮らしやすかったのだろう。7というのが、2でも3でも5でも割りきれない変な数だということが、かえって神秘的と感じられたのかもしれない。正七角形は定規とコンパスだけでは作図できない。正五角形も正六角形も作図できるから、作図できない正多角形の中で、正七角形は最も角の少ない図形だということになる。

製図に欠かせない2種類の三角定規

図⑩

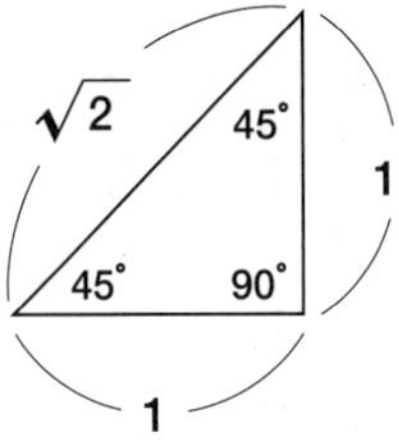

図⑨

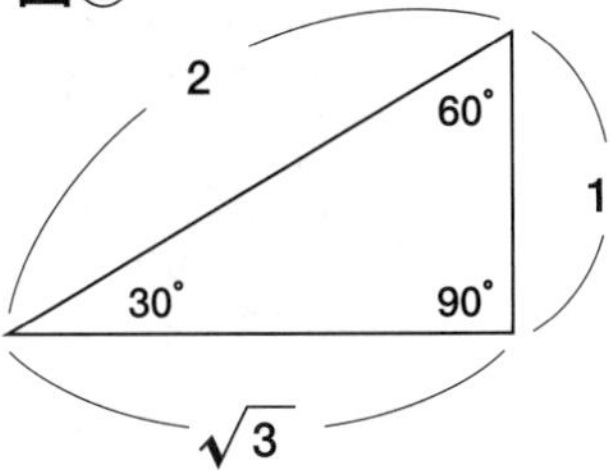

なぜ「無理数」は邪悪なものとされたか

　ところで、ピタゴラス学派には、門外不出の秘密があったといわれている。それはピタゴラスの定理から必然的に導き出されるものだ。いまも学習用の文房具として、コンパスとともに欠かせない2種の三角定規がある。すなわち、直角以外の角度が30度と60度になっているものと、45度と45度という直角二等辺三角形だ。当時から、コンパスと定規（2種の直角三角形）で図形を描くことが、幾何学の基本だった。

　この最も親しまれた直角三角形を考察すると、とんでもない事実が見えてくる。30度と60度の直角三角形（図⑨）は、最も短い辺を1とすると、斜辺が2になる。ところが残った辺の長さを求めようとすると、ピタゴラスの定理は別名「三平方の定理」と呼ばれるように、2乗すると3となる数（$\sqrt{3}$）という奇妙な数の値を求めなければならない。直角二等辺三角形の場合は、等しい辺を1とすると、斜辺が$\sqrt{2}$になる（前ページ図⑩）。

ピタゴラス学派の人々は、おそらく教団を挙げて、この数の値を求めたに違いない。しかしいくら計算しても、この数には果てがないということがわかってきた。いわゆる「無理数」である。整数の美しさに神秘を感じていたピタゴラス学派にとっては、無理数というのは、醜《みにく》く邪悪な数と感じられた。無理数（ア・ロゴス）とはもともと、言葉にならないもの、原理からはずれたもの、といった意味である。

さらに正五角形の辺と対角線が作り出す黄金比という神の賜物にも、$\sqrt{5}$という無理数が関わってくる。こんなふうに、直角三角形や正五角形など、最も基本的な図形にさえ、言葉にならない数が関わっているということは、教団の根底を揺るがしかねない難事であった。そのため、この学派の人々は、無理数の存在そのものを、門外不出の秘密としたのだった。

ピタゴラスが、史上初めて地球を「球体」だととらえた

ピタゴラス学派の見解の中で特筆すべきなのは、地球を球体と考え、変則的な地動説を唱えていたことだ。変則的だというのは、太陽を中心としたのではなく、「中心火《か》」と呼ばれる仮想の火球《かきゅう》を考え、太陽も惑星のようにその火球の光を反射していると考えた。地球はその火球の周囲を公転しているのだが、つねに一方向だけを火球に向けている（月が地球に対してつねに一方向だけを向けているのと同じだ）。人間が住んでいるのはその反対側の面なので、火球を直接見ることはできない。現在のわたしたちの知識と比べれば、奇妙な宇宙観だが、とにかく地球が球体であると考えたのは、歴史に記されている限りではピタゴラス学派が最初だった。

わたしたちは小学校で、太陽系について学ぶのだが、学校で教わる前から、地球儀を見る機会はあるから、地球が丸いということは幼児でも知っている。いま仮に、そうした知識をすべて抹殺してみることにしよう。ピタゴラス以前には、伏せられたトランプカードのように、この地球が球体であるという事実は誰にも知られていなかった。その状態から、人間は

どうして、地球が球体であるなどと考えるようになったのだろうか。

ピタゴラスより300年ほどのちの数学者だが、エラトステネス（BC275頃〜194頃）は地球を球体だと考えただけでなく、大きさまで正確に知っていた。彼は神が伏せておいたカードを、自分で開いたのだ。ナイル川上流のアスワン地域にあるシエネという町では、夏至《げし》の日（太陽が最も北に寄り、北半球では昼が一番長い日）の正午に井戸の底に陽光が差し込むことが知られていた。この瞬間、地上に立てられた棒の影は消失する。太陽が真上にあるからだ。現在のわたしたちの知識なら、この地が北回帰線（夏至の時、太陽が真上を通る、北緯23度27分の緯線）上にあるからだと考えることができる。

シエネのほぼ真北にある地中海に面したアレキサンドリアでは、夏至の日の正午の太陽は、7度の傾きである。シエナとアレキサンドリアが平面上にあるとすると、太陽はきわめて近い距離にあることになるし、もっと北の地中海北岸での太陽の角度を考慮すると、地球が球面であるとしなければ、実状を説明できない。その球面の曲率《きょくりつ》が一定（つまり完全な球形）だとすると、シエナとアレキサンドリアの距離を測量すれば、地球の大きさがわかることになる。

エラトステネスはこの測量を実施し、地球の周囲の長さが現在の単位に換算すれば4万5

０００キロメートルだという結論を得た。実際は4万キロだから、10パーセント以上の誤差はあるが、地球が途方もない大きさであるということを、数値で把握していたというのは、驚くべきことだ。この結果を１７００年後のコロンブスが知っていたら、カリブ海の住民をインド人と間違うことはなかっただろう。

「神の真理を認識する＝グノーシス」への流れ

ピタゴラスは数の神秘に魅了されていた。そして数の世界こそ神の領域だと考えた。一般の人間たちが見ている現実の世界は、神の世界からは隔《へだ》てられている。しかし数の神秘に接することで、わたしたちは神の領域に触れることができる。数学を究めることは、神の領域を探ることだ。数の原理（ロゴス）こそは、神のロゴスでもある。

こうした考え方は、ギリシャ時代の最高の哲学者プラトン（BC427～347）に強い影響を与えた。プラトンはこの現実の世界と対比される神の領域を、イデア（理念）の世界と呼んだ。わたしたちが目にしている現実世界は、イデアの影にすぎない。イデアとは目で見えるものではなく、魂で洞察すべきものである……。このプラトンの世界観は、アレクサンドロス大王の東征によって、インドのバラモン教や仏教とも融合し、イランに発したゾロアスター教の光と闇の哲学とも交わって、グノーシスという一種の神秘主義を形成することになる。

グノーシス。

この言葉は、本書のキーワードといっていい。ギリシャ語で「認識」を意味する言葉だが、カトリックによって厳しく弾圧された歴史をもつ。秘密結社と呼ばれる組織は、何らかの形で、グノーシスという概念に関わっているといってもいい。グノーシスはキリスト教の異端と扱われることも多いが、その歴史はキリスト教そのものよりも古い。

その一例として、ヘルメス文書と呼ばれるものがある。ヘルメスはローマではメルクリウスと呼ばれる。英語ではマーキュリーで、水星を意味している。ヘルメスはギリシャ十二神の一人で、音楽が得意のいたずら者、時としては破壊的な乱暴者とされることもある。足が速いことから、天球を移動する速度の早い水星にその名を冠された。その何をするかわからない乱暴者のイメージが、意のままにならない家畜の繁殖に結びついて、富と幸運の神とされ、旅人の守り神ともされた。死者の魂を冥界《めいかい》に誘《いざな》う神とも考えられた。また水星はつねに太陽のそばにあることから、太陽の使者といった趣《おもむき》もある。エジプトから伝わった太陽信仰と、ヘルメス神との結びつきは、ここから生じたのだろう。

ヘルメス文書はそのヘルメス神が導師となって、哲学、倫理、科学技術、占星術、錬金術、魔術など、さまざまな教えを説くというもので、ピタゴラス学派を端緒《たんしょ》とするギリシャ思想を土台として、エジプトなどアフリカ北海岸の土着の宗教（太陽神信仰）と融合した、神秘主義集団のために書かれた文書といっていい。初期のキリスト教では、ヘルメス神も古代の預言者の一人とされた時期もあり、やがてはキリスト教内部の異端とされ弾圧されたのだが、その最も古い文書は紀元前３世紀にさかのぼると考えられるので、イエスの登場より古くからある思想だということは明らかである。

イエスが出現した、いまから二〇〇〇年ほど前の時代、パレスチナ地方には、エッセネ派と呼ばれる宗教集団があった。このエッセネ派はグノーシス（神の領域の認識）を求める神秘主義の教団であり、キリスト教を興したイエスという人物も、このエッセネ派で学んだ修行者の一人ではなかったかと見られている（カトリックは認めていない）。

ダ・ヴィンチの謎を解くためには、このエッセネ派について考察しなければならない。同時に、イエス・キリストとはいかなる存在なのか、そこからどのようにしてカトリックというものに発展したのかといった、基本を押さえておく必要がある。

第3章

ダ・ヴィンチとイエス・キリスト

——イエスとはいかなる人物だったのか

ダ・ヴィンチの岩窟の聖母の謎

寡作《かさく》というしかないレオナルド・ダ・ヴィンチ（1452～1519）の作品の中に、最近にわかに注目を集めている一枚の絵画がある。正確に言えば一枚ではなく二枚なのだが、タイトルはともに「岩窟の聖母」で、描かれている人物の構図もそっくり同じである。まるで間違い探しの絵のように、一見、ただのコピーのように見える絵だが、両方を細かく検討すると微妙な違いがある。一方はパリのルーブル、他方はロンドンのナショナルギャラリーが所蔵しているので、《ルーブル版》、《ナショナルギャラリー版》と呼んでおこう（カラー口絵参照）。

この絵はミラノの聖フランチェスコ教会礼拝堂の祭壇後部に設置される三つ折りの組み絵の中央部分として依頼されたものだった。最初に描かれたのは《ルーブル版》である。一見すると、見る者は大きな混乱に陥《おちい》ることになる。この種の宗教画は、聖母子像（母マリアと幼児イエス）が描かれることが多い。ところがこの絵には、女性が二人、幼児も二人いる。どれがマリアでどれがイエスかわからないのだ。

絵が依頼された時の経緯から、これはエジプトへの旅の途上で、大天使ウリエルに護られているイエスの前に、イエスに洗礼を施《ほどこ》して神の子であることを証《あか》すバプテスマのヨハネが現われるという設定であったことが伝えられている。向かって右の幼児がイエスで、そのイエスを護っているのは、女性に見えるけれども、美少年の姿をした大天使だと見るのが通常の見方である。なぜか母マリアは絵の中央の高い位置に描かれ、左手を伸ばして鷲《わし》のツメのような不気味な指をイエスの頭上に差し出している。イエスを祝福するはずのバプテスマのヨハネも、やや高い位置から、幼児イエスを見下ろしている。

おそらく教会側が、この絵の引き取りを拒否したのだろう。そのため修正版が描かれた。それが《ナショナルギャラリー版》である。どこが修正されているのだろうか。まず大天使以外の三人の頭上に、聖人を示す輪が描かれている。これでマリアは特定できるが、依然としてヨハネとイエスは区別がつかない。よく見ると左側の幼児は十字架のようなものをかかえている。マリアの手が保護するように幼児の肩に置かれていることからも、こちらがイエスのように見える。だが、こちらがイエスだとすると、イエスが手を前にかざして祈るようなポーズをとり、ヨハネが指示を与えるように指を突き出しているのはどういうことか。

バプテスマのヨハネが「洗礼」をはじめた

　この絵の謎は、もう少しあとで解明するとして、ここに登場するバプテスマのヨハネとはいかなる人物かということについて、確認をしておこう。バプテスマのヨハネはイエスの出現の少し前に、大きな教団を率いていた教祖である。ユダヤの民衆は年に一度、エルサレムの神殿で一年間の罪の汚《けが》れを祓《はら》うために、浄めの儀式をしなければならなかった。といっても大げさな儀式をするわけではない。単に神殿前に屋台を出している業者のところで、犠牲《いけにえ》の動物を購入すればいいのだ。

　犠牲の動物は3種類あった。牛、羊、鳩である。もちろん値段が違うから、料理屋の弁当に松、竹、梅の区別があるようなものだ。あるいは酉《とり》の市《いち》の熊手《くまで》の大小だと考えてもらえばいい。金持ちはたくさんお金を出せばいいし、貧乏人は鳩を買えばいい。本来は犠牲の動物の血によって浄めの儀式をすることになっているのだが、そんなことをしたら神殿が血の海になってしまうので、神殿に納入された動物は裏口から出て業者の手に戻ってくる。業者は手数料を引いた金額を神殿に納める。つまり神殿にお金を払うというだけのことで、宗教儀式がすでに形骸化《けいがいか》していたのだ。ちなみにイエスはこのような宗教の形骸化を批判し、神殿前で大暴れをして、業者の屋台を破壊している。

バプテスマのヨハネも神殿を否定して、ヨルダン川で水による浄めの儀式を施した。これがバプテスマ（洗礼）である。ヨハネは犠牲の動物の血ではなく、水で浄めができると主張した（しかも一回の洗礼で生涯浄められるとした）。神殿の権威を否定する大胆な主張であったが、多くの信徒を獲得していた。とくにヨルダン川に接したガリラヤ湖周辺の貧しい民にとっては、動物を購入する費用だけでなく、エルサレムまでの旅費（日帰りはできないので旅籠《はたご》に一泊する必要がある）の節約にもなるわけだから、ヨハネの人気が高まるのも、ある意味では当然だった（81ページ図⑪参照）。

バプテスマのヨハネはラクダの皮衣《かわごろも》を着て、野蜜《のみつ》とイナゴを食べていたとされているが、おそらくラクダの皮とは茶色の麻《あさ》の粗布《あらぬの》で、野蜜はナツメヤシの蜜（広島風お好み焼きソースの原料）、イナゴというのは豚の餌《えさ》になるイナゴ豆のことだろう。これは当時のエッセネ派の修行者の、質素で禁欲的な、基本スタイルだった。従って、バプテスマのヨハネも、もとはグノーシス的な神秘主義集団の一員だったと思われる。

１世紀後半にユダヤ地方で活躍したフラヴィウス・ヨセフス（AD37頃～100頃）という歴史家がいる。１世紀半ばに起こった第一次ユダヤ戦争に従軍し、ユダヤの戦士として闘ったが敗れ、ローマ軍に投降した。その後は歴史家となり、「ユダヤ戦記」や「ユダヤ古代誌」などの著作を残している。広大なローマ帝国の辺境の植民地にすぎなかったユダヤ地方の歴史を、かなり詳細に知ることができるのは、このヨセフスの著作に負うところが大きい。

残念ながら、ヨセフスはイエスという人物については、一行も記していない。暴動を起こしそうな新興の教団を組織し、ローマから派遣された総督ピラトの管理下で死刑に処せられた人物を、ヨセフスは記録しなかった。ということは、イエスの物語の全体がフィクションであるのか、そうでなければ、イエスの活動と処刑は、どこにでもあるような些末《さまつ》な事件として、ヨセフスによって完全に無視されてしまったのだろう。そのヨセフスが、バプテスマのヨハネについては、広い地域で信者を集めている教団の指導者として、歴史にその名を記している。

旧約聖書をよく勉強していたイエス

バプテスマのヨハネについて、「ヨハネによる福音書」を見てみよう。冒頭の「初めに言葉ありき」のくだりに続く部分だ。

神から遣わされた一人の人がいた。その名はヨハネである。彼は証しをするために来た。光について証しをするため、また、すべての人が彼によって信じるようになるためである。彼は光ではなく、光について証しをするために来た。その光はまことの光で、世に来たすべての人を照らすのである。（中略）言葉は肉となって、わたしたちの間に宿られた。わたしたちはその栄光を見た。それは父の独り子としての栄光であって、恵みと真理とに満ちていた。ヨハネはこの方について証しをし、声を張り上げて言った。『わたしの後から来られる方は、わたしより優れている。わたしよりも先におられたからである』とわたしが言ったのは、この方のことである。」（新共同訳／日本聖書協会）

ここで福音書の作者が言っているのは、イエスが世の光であり、神の原理が肉体として地上に現われた「神の子」であることと、バプテスマのヨハネはそのことを証明するために神によって遣わされた一種の預言者であるということだ。

イエスは多くの預言者に預言された存在である。これはイエスという人物が、「旧約聖書」をちゃんと読んでいて、多くの預言書が伝えるメシアのイメージを勉強し、その上でメシアとして人々の前に出現したと考えると、合理的に解釈できる。もちろんキリスト教徒は、預言者が超能力によってイエスの出現を預言したと考えたがるだろう。しかしその預言者の超能力には、決定的な欠陥がある。彼らは誰一人として、十字架の存在を預言してはいないのだ。

わが身を犠牲にして神と契約を結ぶ

そもそも預言とは何なのか。これを説明するためには、ユダヤの歴史を語らなければならない。ユダヤの歴史はアブラハムに始まる。アラビアから砂漠を越えてパレスチナに移住したアブラハムは、一人息子のイサクを犠牲に捧げよという神の声を聞く。この場合の犠牲とは「焼き尽くす捧《ささ》げ物」(燔祭《はんさい》)と呼ばれるもので、単なるお供《そな》え(あとで人間が食べる)ではなく、小羊を神の前で灰になるまで焼き尽くすのである。

その小羊の代わりに一人息子のイサクを焼けという、神の残酷な命令に対し、アブラハムは忠実に、息子を焼く準備を進める。その忠節心を認めた神は(イサクの命を救った上で)、アブラハムの子孫だけの守り神になるという契約を結ぶのである。これを「旧約」という。

一人息子イサクを犠牲にしてアブラハムが神と結んだ最初の契約である。これに対して、神の一人息子のイエスを犠牲として神との間に新たに結ばれた契約を「新約」と呼ぶ。イサクも、イエスも、小羊の代わりの犠牲であるという点では共通している。

アブラハムの孫のイスラエルには十二人の息子があった。ここから十二部族が起こる。ところがこの十二部族が分裂していたために、イスラエルの民はパレスチナの先住民族であるペリシテ人との戦《いくさ》に負け続けていた。その時サムエルという預言者に神の声が聞こえた。サムエルは神の声に導かれてエルサレムの郊外のベツレヘムに赴《おもむ》き、まだ少年だったダビデの頭を油で浄めて、王と定める。このダビデの活躍で、ペリシテ人は撃退され、ユダヤ王国が建設された。イスラエルの十二人の息子の嫡男《ちゃくなん》はユダという人物であった。ダビデはその子孫のユダ族であったために、王国はユダヤ（神に祝福されたユダ）と呼ばれるようになった。

このサムエルの油による浄めの儀式によって祝福されたダビデは、メシア（浄められた王）と称された。この概念のギリシャ語訳が、「クリストス」である。ギリシャにも同様の油による浄めの儀式があったから、この語があてられたのだ。従ってメシア（英語ではメサイヤ）とキリストとは同義語である。

ローマ帝国の植民地だったパレスチナは、現代の日本と似ている

ところがダビデが築いたユダヤ王国は、やがてバビロニアに滅ぼされ、王侯貴族は奴隷としてバビロニアに連行される。これをバビロンの捕囚《ほしゅう》という。その期間に何人もの預言者が出現して、ユダヤの未来を預言するのだが、奴隷とされている状況では、英雄ダビデの出現のような景気のいいイメージは出てこない。そこから旧約聖書に収録されているイザヤの不思議な預言（イザヤ書）が導き出されることになる。イザヤは小羊の代わりに犠牲となる悲劇の英雄のイメージを語ったのだ。イエスはこの悲劇のヒーローの姿を自らの範《はん》としたのだろう。

イエスが現われた時代のパレスチナは、ローマ帝国の植民地とされていた。プライドの高いユダヤ人にとっては、耐え難《がた》い事態である。しかし正統なユダヤ人ではないイドマヤ人のヘロデ大王は、ローマ軍の補給基地として、ユダヤの経済を急速に発展させた。ユダヤにはローマ軍が駐屯《ちゅうとん》していたが、ローマ帝国の経済圏の一員となることで、ユダヤは確実に発展していた。こういう状態は、米軍の駐屯を認めてアメリカの経済圏で発展した戦後日本の状況とどこか通じるところがある。

当時のユダヤにはいくつかの派閥があった。まずはサドカイ派と呼ばれる祭司階級である。神殿を守る伝統的な祭司たちは、いくつかの世襲制の部族が、輪番制で大祭司を担当していたのだが、ヘロデ大王と通じた大祭司アンナスは、輪番制を無視して、後継者に娘婿のカヤパを選んだ。このようにして、アンナス、カヤパ父子は、大祭司を世襲制に改めて、権力の独占を達成していた。

ヘロデ大王が没すると、エルサレムのあるユダヤ州はローマから派遣された総督ピラトの管理下に置かれた。しかし地主貴族の権利は存続していたし、最高法院（サンヘドリン）と呼ばれる議会も残され、保守的な祭司と地主にわずかな新興商人が加わった議員たちによる自治が認められていた。彼らは引き続きローマ経済圏の中での農業や商業で一定の利潤を追求することができた。

これに対して一般民衆は貧困にあえいでいたが、民衆が貧乏だというのはいつの時代も同様である。ユダヤでは借金などがかさんで奴隷になる者もあったが、7年ごとに奴隷解放される制度があったので、奴隷階級というものはなかったようだ。貧乏だけれども最悪の状態ではなかった。むしろ民衆にとって屈辱的だったのは、ユダヤがローマの植民地であるという事実だった。現在でも、貧民の中に過激な民族主義が拡がっていくことがある。ユダヤでも民族主義勢力が二つの派閥を形成していた。

一つはファリサイ派である。伝統的な律法《りっぽう》を遵守《じゅんしゅ》し、禁欲的な生活を続けている保守的な人々で、律法学者と呼ばれるリーダーがいた。イエスを糾弾《きゅうだん》したのは彼らである。ファリサイ派はエルサレムの下層の人々で構成されていた。

当時のユダヤはエルサレムを中心としてユダヤ州の他に、いくつかの州があった。ユダヤ州のすぐ北はサマリア州だが、この地域はアッシリアが侵入した時代に混血が進んだために、ユダヤ州の人々は、サマリアは「異国」だと考えていた。サマリアの人々もユダヤ教を信仰していたのだが、エルサレムの神殿へは通わず、近くのゲリジム山に別の神殿を築いていた。

そのサマリアのさらに北に、ガリラヤ州があった。ここには淡水《たんすい》のガリラヤ湖があり、農業、漁業が盛んで、またヨルダンやシリアからの、穀物や葡萄酒の運搬経路にもなっていた。イエスの時代には、ヘロデ大王の子息のヘロデ・アンティパスが領主として君臨し、ティベリアスという州都に王城を築いていた。この地に広がっていたもう一つの民族主義集団が、熱心党である（次ページ図⑪参照）。

熱心党は過激なゲリラ集団であった。イエスが出現する前にも、ガリラヤのユダと呼ばれるリーダーを中心に大規模な反乱が起こっている。歴史家のヨセフスも参戦したといわれる

図⑪　キリスト時代のイスラエル

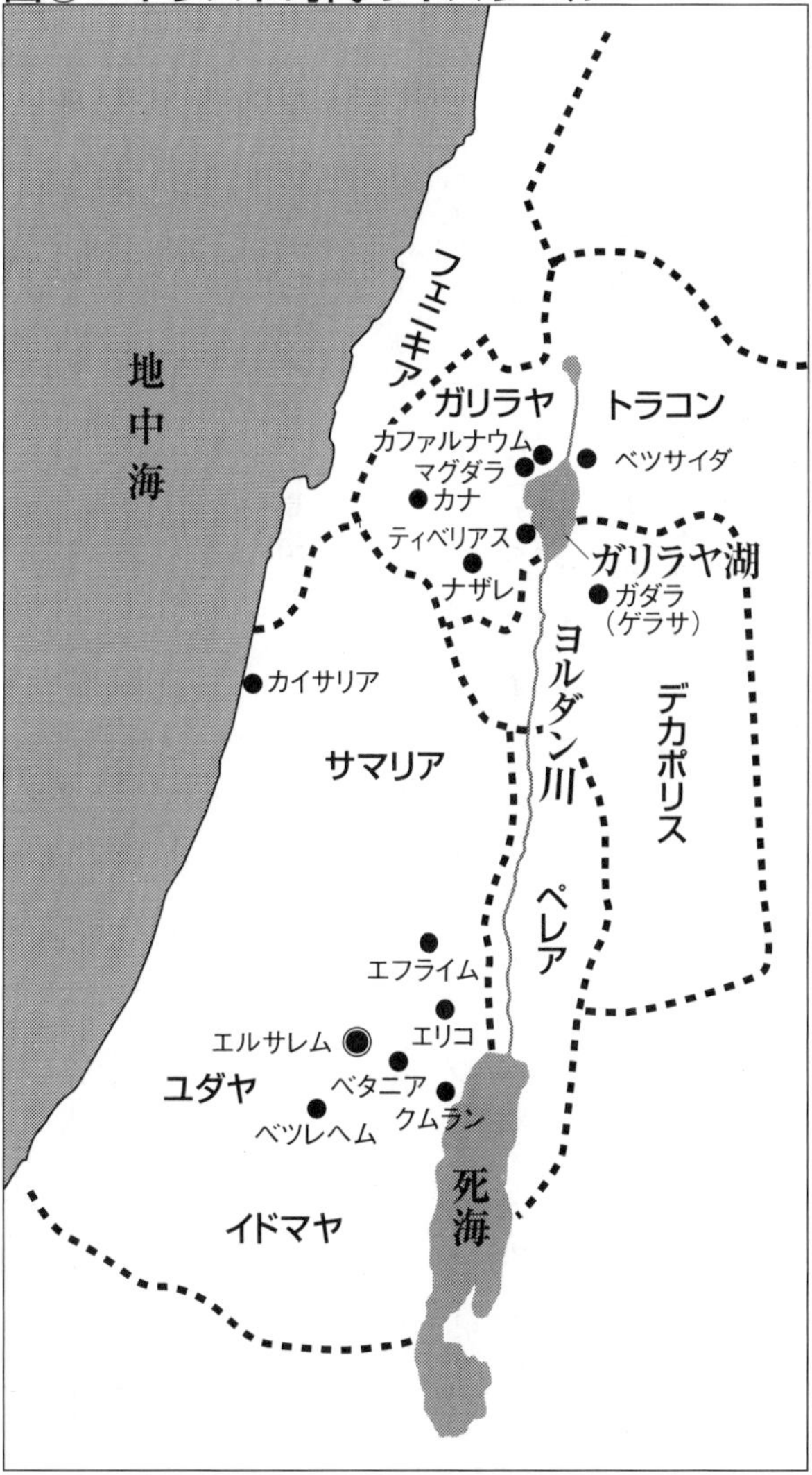

第一次ユダヤ戦争が起こったのは、イエスの処刑後のことであるが、この大反乱も熱心党が先導したと伝えられる。これに引き続く第二次ユダヤ戦争で、ユダヤ人たちは壊滅的な大敗を喫《きっ》する。ヘロデ大王が築いた豪華な神殿も瓦礫《がれき》と化した（嘆きの壁と呼ばれる部分だけが残っている）。その結果ユダヤ人たちは故国を失い、長い流浪の旅に出ることになった。

バプテスマのヨハネ処刑の真相

イエスには十二使徒と呼ばれる特別の弟子たちがいた。列挙すれば、ペトロ、アンデレ（ペトロの弟）、ヤコブ（時に大ヤコブと呼ばれる）、ヨハネ（ヤコブの弟）、フィリポ、バルトロマイ（ナタナエルと呼ばれることもある）、トマス、マタイ、アルファイの子ヤコブ、タダイ、熱心党のシモン、イスカリオテのユダである。

この十二使徒のリストのうしろの方に、熱心党のシモンという人物がいる。十二人のリストはマタイ、マルコ、ルカがそれぞれに記録し、若干の差異があるのだが、どの場合も、最後の四人は同じ順番で書かれていることから、この四人は十二人の中でも、最後に加わった人々ではないかと考えられている。その四人とは、アルファイの子ヤコブ（小ヤコブ）、タダイ、熱心党のシモン、そしてイスカリオテのユダだ。

イエスの布教活動は、筆頭の弟子ペトロの弟アンデレがイエスと出会うところから始まった。このペトロ、アンデレの兄弟は、ガリラヤ湖の漁師だったが、おそらくは網元のもとで使役《しえき》される雇い人であったと考えられる。その網元であり、新興の商人として一定の勢力をもっていたのが、ゼベダイという人物である。イエスの最後の祈りの地であるゲッセマネに従った三人の使徒は、ペトロとゼベダイの子ヤコブ（大ヤコブ）、それに弟のヨハネ（主に愛された弟子）であった。これにペトロの弟のアンデレを加えた四人の弟子は、もともとはバプテスマのヨハネの弟子であった。

バプテスマのヨハネは、水で洗礼を施すという新しい試みだけで人気を集めていたわけではない。ヨハネもまた民族主義者で、ローマの傀儡《かいらい》となっているガリラヤ領主ヘロデ・アンティパスを批判していた。ガリラヤ州は熱心党の勢力の強い地域で、民族主義者が多かったのだろう。その民衆の支持を得るためか、ヨハネはアンティパスが兄の未亡人（ヘロディア）を妻としたことを厳しく糾弾した。そのヘロディアの娘がサロメで、母を侮辱《ぶじょく》したとしてサロメがヨハネの死を求めたというエピソードは、文学やオペラの素材となっている。

実際には、バプテスマのヨハネの教団があまりに大きくなったので、脅威を覚えたヘロデ・アンティパスが、機先を制して捕縛《ほばく》し処刑したということだろう。その結果、バプテスマのヨハネの弟子たちが、イエスの教団に横すべりしたということは充分に考えられる。その様子を見ていた熱心党も、熱心党のシモンやイスカリオテのユダらを送り込んで、ヘロデ・アンティパスの批判を強めようとしたのだろう。

十二使徒の残りの四人のうち、ローマの手先として交通の要所で通行税を取り立てていた徴税人《ちょうぜいにん》のマタイを除く三人は、荒れ野の禁欲的な修行者エッセネ派であったと思われる。名を挙げれば、フィリポ、バルトロマイ（「ヨハネによる福音書」ではナタナエル）、そしてトマスである。荒れ野というのは、サマリア州の南にある砂漠である。砂漠といっても砂地ではなく、草木の生えない岩石におおわれた土地である。ところどころにオアシスがある。エフライムというオアシスには、エッセネ派を支援する人々が、ナツメヤシやイナゴ豆などを育て、修行者を支えていた。

イエスの双児《ふたご》とは誰か？

次章で述べるように、イエス自身、荒れ野の修行者の一員であったと思われる。この三人は、もともとは弟子というよりは、荒れ野でともに修行をした、同僚であったのではないかと思われる。とくに注目されるのは、トマスである。「ヨハネによる福音書」によれば、イエスが復活した時、他の使徒たちがイエスを認めたのに、トマスは信じなかった。イエスの顔が別人のように見えたからである。しかしイエスが手を差し伸べ、十字架に釘で打たれた傷跡を示した時、ようやくトマスは、イエスの復活を認めた。そのためトマスは疑り深い人物とされ「疑いのトマス」と呼ばれることもある。

だが、グノーシス派の人々にとっては、トマスは特別の存在である。なぜなら、トマスには、名前がないからだ。日本語の聖書では、トマスは「デドモのトマス」と呼ばれることがあるが、デドモはギリシャ語の「双児」なので、ギリシャ語の原典では、「双児のトマス」ということになる。英語の聖書でも、「ツイン（双児）のトマス」というふうに記述している。ところが、当時のユダヤの言語であるアラム語では、トマスは「双児」という意味なのだ。つまりトマスには名前がない。単に「双児」と呼ばれていた人物なのだ。

イエスの教団で、単に「双児」と呼ばれていた人物。いったい誰の双児なのか。当然のことだが、「イエスの双児」ではないかという憶測が生じる。ただし、母マリアが実は双児を産んでいたというのは、あまりに短絡した発想だろう。わたしの解釈では、荒れ野の修行者の中で、トマスはイエスの親友であり、修行の達成度の点でも同等であったので、仲間の修行者から、「イエスの双児」と呼ばれていたのだ。従って、このエッセネ派グループの中ではトマスが代表者であったと思われる。

次の章では、死海の近くや荒れ野で修行していたエッセネ派の実態について考察しよう。

第4章

ダ・ヴィンチの「岩窟の聖母」に秘められた謎

——ローマ・カトリックが支配した中世

死海《しかい》文書で明らかになった、エッセネ派の全貌《ぜんぼう》

死海というのは奇妙な場所だ。海抜でいうとマイナス400メートル、その岸辺は、空気中に露出した地表としては、地球上で最も深い場所である。ここは大地の裂け目だ。紅海《こうかい》からアフリカのタンガニーカ湖につらなる、大地溝帯の一部である。通常こういう裂け目には海が入り込んだり、湖になるものだが、この裂け目は海とつながらず、しかも砂漠の真ん中にあるので、水が干上がって岸辺が露出している。そのため塩分が濃縮されることになる。従って、死海のほとりから見上げる崖《がけ》の上も、エルサレムのほうから見ればただの平地である。エルサレムの周辺には洞窟が多い。日本の各地にも見られるカルスト地形で、到るところに鍾乳洞《しょうにゅうどう》がある。ユダヤでは人が死んでも墓穴《はかあな》を掘る必要はない。自然にあいた穴の中に遺骸《いがい》を置いて、入口に石を積んでふさげばいいのだ。イエスの墓もそのような場所だった。

死海の近くの崖の上にも、多くの洞窟があり、そこにエッセネ派の拠点があった。クムラン僧院と呼ばれる。クムラン僧院やエッセネ派の存在はヨセフスなどによって語り伝えられていたのだが、そこでどのような教えが説かれていたかは、長い間、謎であった。第二次大

戦の直後、一九四七年のことだ。洞窟の奥から、七巻の羊皮紙《ようひし》の巻物《まきもの》が偶然に発見された。それをきっかけに大規模な調査が実施され、膨大な文書が発見された。これを死海文書と呼ぶ。この文書の発見によって、エッセネ派の全貌が明らかになった（81ページ図⑪参照）。

エッセネ派はユダヤ教の分派である。世俗化し形骸化した神殿（サドカイ派）や、民族主義を標榜《ひょうぼう》しながらローマの経済圏の中で生活しているファリサイ派と訣別して、砂漠の中で禁欲的な修行に集中していた人々である。彼らは熱心党のようなゲリラ活動をしていたわけではないが、世俗の世界から断絶した宗教活動を実現するために、一種の秘密結社を結成していた。入団のための厳しい審査があり、俗世間とは完全に分離された秘儀を守り、また結婚を認めない男ばかりの集団であるという点で、十字軍以後に結成されたキリスト教騎士団、そこから派生したと思われる薔薇《ばら》十字団や、ダ・ヴィンチが総長を務めていたといわれるシオン修道会、さらにモーツァルトも所属していたとされるフリーメーソンなどの秘密結社と、驚くほど類似している。

エッセネ派の思想の根幹にあるのは、光と闇の二元論である。正義の神と邪悪な悪魔の闘いという発想は、唯一の絶対神を信仰するユダヤ教からは生じない。ただ「旧約聖書」の中の「ヨブ記」の冒頭に、神の忠実な僕《しもべ》であるヨブの忠誠心をめぐって神と悪魔が賭けをするといった話が出てくるように、他の宗教に見られる悪魔という存在が、ユダヤ教にも少しずつ入り込んでいた。光と闇の二元論は、イランで広まっていたゾロアスター教の影響と見られるが、ここにピタゴラス学派やプラトンの神秘思想が加わり、独特の宗教哲学を生み出したのだろう。

「マタイ、マルコ、ルカ」、三つの福音書に共通するもの

光と闇の哲学は「ヨハネによる福音書」の冒頭にも展開されている。このことに関して、四つの福音書の作者にも言及しておきたい。「新約聖書」に掲載されている順番でいうと、マタイ、マルコ、ルカ、ヨハネの順番になるが、前の三つの福音書は「共観《きようかん》福音書」と呼ばれ、似たような見解をもっているのに対し、最後の「ヨハネによる福音書」だけは、独特の世界観をもっている。

マタイは十二使徒の一人のマタイが記したものとされている。ここには一種の信憑《しんぴよう》性がある。「新約聖書」はアレクサンドロス大王の東征以後の共通語であるギリシャ語で書かれているのだが、パレスチナの人々はアラビアの商人たちが広めたアラム語を話していた（古

代のヘブライ語は「旧約聖書」を勉強した人でなければ話せなかった)。十二使徒の中でギリシャ語が書けたと思われるのは、富豪で網元でもあったゼベダイの子息のヤコブ、ヨハネの兄弟と、徴税人のマタイだけである。

民族主義者の多いユダヤの民衆から最も憎まれ、軽蔑されていた職業が、ローマの手先となって通行税を取る徴税人であった。ガリラヤ湖の北のカファルナウムという交通の要所で関所を構えていたマタイは、裕福であったが（税金の一部が自分の収入になる）、わが身を恥じてもいたのだろう。そこにイエスが現われて、弟子になれという。すでにその頃のイエスは、ダビデの再来（メシア）として人気を得ていたと思われる。世の光、あるいは神の子とされる人物から弟子になれといわれて、マタイは感動し、即座に弟子になる。宗教画などに描かれる名場面である。

マタイは自分の罪を意識している。その点ではカトリック的といっていい。カトリックは罪の意識で民衆を追い詰める宗教だからだ。しかしマタイの罪は自分が徴税人であったということに尽きる。これはローマの手先としてユダヤ人から税金を搾《しぼ》り取ったという、ユダヤ人だけに対する罪である。そのため「マタイによる福音書」はユダヤ人に対する言い訳に満ちている。「旧約聖書」のギリシャ語訳からの引用がもっとも多く、そのため分量が最大なのがこの福音書だ。ここでマタイはイエスが「旧約聖書」の預言者が預言したメシア（キリスト）だということを強調している。

二番目に掲げられた福音書の作者のマルコは、イエスの筆頭弟子ペトロの弟子だったと思われる。そのためペトロから直接に聞いたと思われるリアルなエピソードを簡潔に記している。マタイのように引用することは少なく、その代わりにやや大げさな奇蹟《きせき》を次々に展開する。これはペトロ自身がそういうやり方で布教していたからだろう。三番目の福音書の作者ルカは、一度もユダヤに行ったことのないギリシャ人だが、そのためにユダヤ的な価値観にとらわれない世界的な視野で物事をとらえている。ユダヤ人の救済ではなく、人類愛という視点でイエスの生涯を描いているのがルカの特徴だ。

エッセネ派の世界観を示す「ヨハネによる福音書」

では四番目の福音書の作者ヨハネには、どんな特徴があるのか。この作者はエッセネ派の視点で世界をとらえている。おそらく作者は、バプテスマのヨハネの信徒を読者に想定しているのだ。すでにバプテスマのヨハネはヘロデ・アンティパスによって処刑された。ヤコブ、ヨハネの兄弟と、ペトロ、アンデレの兄弟は、イエスの弟子になった。ヤコブとヨハネは、バプテスマのヨハネの高弟であったと思われるので、この二人に従って多くの信徒がイエスの教団に移ったと考えられる。

しかし歴史家ヨセフスが記述するように、バプテスマのヨハネの教団は広範囲に広がっていた。ガリラヤの信徒のすべてがイエスの教団に移ったとしても、シリアやヨルダン、あるいはエジプトなどにも、信徒は広がっていたと考えられる。第一次と第二次のユダヤ戦争で、ユダヤにいたユダヤ人たちは壊滅する。しかしそれ以前からユダヤ人は小アジア半島から北アフリカにかけて拡散していた。そのためにギリシャ語訳の「旧約聖書」が普及していた。そうした読者は、エルサレムの神殿に赴くのではなく、むしろギリシャ的な要素を含んだエッセネ派の教えに親しみをもっていたと思われる。

だからこそ「ヨハネによる福音書」の作者は、冒頭にロゴスという言葉を置き、光と闇の哲学を展開する。そしてイエスこそは、バプテスマのヨハネによって証された神の子であるということを強調する。ヨハネがイエスを指名する。ヨハネが師であり、イエスは初め、ヨハネによって洗礼を受ける弟子として登場する。つまりバプテスマのヨハネとは、イエスを導くために神によって派遣された預言者なのだ。サムエルがダビデの頭を油で浄めたように、バプテスマのヨハネはイエスを水で浄めた。

ダ・ヴィンチが「岩窟の聖母」にこめた意図

これだけのことを前提として、もう一度、ダ・ヴィンチの「岩窟の聖母」（ルーブル版）を見ていただきたい。従来の解釈では、大天使のそばにいるのはイエスだということになっているのだが、この幼児にしては威厳のある顔つきをした人物は、明らかにバプテスマのヨハネだ。大天使は手で指さして、あれがイエスだと示している。つまり向かって左側の幼児こそがイエスなのだ。イエスはこれからヨハネの弟子になるのだから、祈るような姿勢をとっている。そのかたわらにマリアがいる。

従来のカトリックの解釈が右側の幼児をイエスだとしたのは、どう見てもこの幼児のほうが威張っていて、左側の幼児が（少し高い位置にいるとはいえ）頭を下げてへりくだっているように見えるからだ。

ダ・ヴィンチの意図は明確である。ダ・ヴィンチは最初からヨハネをグノーシスの象徴としてとらえ、イエスよりも威厳のある人物として描いた。ダ・ヴィンチはグノーシス的な宇宙観の中で生きている。ダ・ヴィンチにはカトリックを批判するといった意思はない。カトリックといったものは最初から無視しているのだ。

カトリックは民衆に、考えることを禁じた。そのために長い中世の間、科学技術も文化も進化発展することはなかった。ただそこに、わずかな破れ目が生じた。十字軍の派遣である。十字軍とは11世紀から13世紀にかけて編制された、聖地エルサレム奪還のための軍隊である。その背景には長い中世の間に徐々に進行していた産業の成長がある。少しずつではあるが民衆は豊かになっていた。しかし中世の保守的な体制は揺るがず、兵隊も農民も自由を奪われていた。生活には困らないが、引っ越しの自由も職業選択の自由もない。欲求不満がたまっていく。

そういう時に十字軍の募集があった。兵隊になるのだから自由はないが、とりあえずいま住んでいる土地からは脱出できる。自由を求める多くの若者が募集に応じ、オリエントに向かうことになる。彼らは帰還後は自由遊民となり、各地の産業の担い手になるのだが、何よりも異文化に触れるという貴重な体験を得ることになる。

現在のトルコのイスタンブールにはコンスタンティノープルというビザンチン帝国の首都があった。ここで体験するのは、同じキリスト教でありながら、ローマ・カトリックとはまったく異質のオーソドックス（正教）と呼ばれる宗教である。聖書のラテン語訳を聖典とするローマ・カトリックと違って、正教はオリジナルのギリシャ語の新約聖書を守り続けた。そのためギリシャ正教と呼ばれることもある。実際にギリシャにも伝わったが、正教が最も広まったのはロシアである。ドストエフスキーやトルストイに出てくるキリスト教は、実はロシア正教だ。日本にも正教は伝わっている。東京お茶の水にあるニコライ堂は正教の聖堂である。

十字軍にカルチャーショックを与えたギリシャ正教

なぜキリスト教は分裂したのか。それはローマ帝国が東西に分裂する過程とも関わっている。そもそもキリスト教というものは、ローマの国教となったことから、世界的に広がっていくことになるのだが、こうした過程のすべてに関わっている一人の人物がいる。コンスタンティヌス大帝（274頃～337）である。

コンスタンティヌス大帝はコンスタンティウス一世の長男として生まれた。父もローマ皇帝であったが、それは広大なローマ帝国の領土を四分割して二人の正帝、二人の副帝による共同統治というシステムの内の、西の正帝という地位にすぎなかった。父の死後は、後継者をめぐって激しい抗争があった。

大帝自身は古代ギリシャの時代の太陽神を信仰していた。古代ギリシャはゼウス、ポセイドン、アポロンなど、さまざまな神を信仰する多神教であるが、エジプトの太陽神信仰の影響を強く受け、太陽神や太陽の使者としてのヘルメス神を信仰していた。ピタゴラスやプラトンが考えていたのは、絶対神に近いものだ。そこにオリエントのゾロアスター教などが加わって、太陽神への信仰がさらに強まっていく。グノーシス派が「認識」によって到達しようとする「神の領域」というものも、多神教の個別の神ではなく、宇宙の全体を支配している絶対神を想定している。

絶対神という点では、太陽神信仰とキリスト教は、共通しているといっていい。コンスタンティヌス大帝は青年時代をオリエントで過ごした（東の正帝のもとに人質として置かれていた）。オリエントにはキリスト教の勢力が広がっていた。後継者をめぐる抗争の中で、突然コンスタンティヌス大帝はキリスト教をローマの国教にすると宣言した。イタリア半島のキリスト教徒を味方につけた大帝は父の後継者として西の正帝になっただけでなく、オリエントのキリスト教徒を弾圧した東の正帝をも滅ぼして、ローマ帝国全体の皇帝となった。

皇帝の地位を守るというエゴイスティックな目的のためとはいえ、コンスタンティヌス大帝がキリスト教を公認したことによって、カトリックの歴史が始まったといっていい。だが、その直後に、コンスタンティヌス大帝は驚くべき決断をする。何とローマ帝国の首都を、ローマから新都コンスタンティノープルに遷都《せんと》するのだ。むろんこの都市の名は、コンスタンティヌス大帝に由来する。その結果、ローマを中心とした西ローマ帝国はやがて崩壊する。残った東ローマ帝国はビザンチン帝国（新都コンスタンティノープルを築いた場所の元の地名に由来する）としてさらに繁栄することになる。

ローマ帝国（西ローマ）で公認されたキリスト教はカトリック（普遍的という意味がある）として、ヨーロッパの全域に広がっていく。一方、ビザンチン帝国（東ローマ）のキリスト教は正教として、オリエントで確立され、ロシアにまで伝わっていく。初期の正教は偶像崇拝を禁じていた。ただイコンと呼ばれる絵画によって、神の領域への窓口としていた。正教の修道司祭と呼ばれる指導者は妻帯せず、厳しい修行で神の領域に迫っていく。イエスが犠牲の小羊になることによる贖罪《しょくざい》といったものに頼るのではなく、修行による魂の救済を求める。まさにグノーシス的な求道精神で、正教の修行者たちは神の領域に近づいていくのだ。

オリエントにはバプテスマのヨハネの教えそのものが伝承されていた。さらに古代ギリシャ以来のヘルメス神信仰や、マニ教などのグノーシス思想が広まっていた。マニ教というのは、3世紀にペルシャ（イラン）で確立された宗教で、エッセネ派の光と闇の哲学に、インド思想なども組み込んだ、グノーシス的な秘儀を重んじる宗教である。正教そのものにもそうしたオリエント的な神秘主義がとりいれられているのだが、オリジナルな秘教の結社のようなものも存続していたと思われる。十字軍に参戦した若者たちは、オリエントに広まったさまざまなグノーシス思想に触れて、カルチャーショックを受けることになる。

なぜ愚鈍なペトロの墓が、カトリックの総本山となったのか

カトリックの総本山、ローマのサン・ピエトロ大寺院は、十二使徒の筆頭、使徒ペトロの墓の上に建てられた。寺院の名前もペトロのイタリア訛《なま》りからとられている。ペトロとはもともと「岩」という意味で、その岩の上に教会が建つと、イエス自身が預言しているのだ。

ペトロには伝説がある。イエスの死後、布教の旅に出たペトロはローマに向かった。しかし旅の途上、ローマ皇帝ネロは恐るべき暴君で、怪しい者はただちに死刑にされるという話

を耳にする。そんなところへ新興宗教の布教に行けば、ただちに殺されることは間違いない。恐怖に駆られたペトロはローマに背を向け、来た道を引き返し始める。すると前方にイエスの姿が見える。「主よいずこへ行かれますか（クォ・ヴァディス）」と問いかけるペトロに、イエスは自分はローマに赴いて布教するのだと告げる。

ペトロが逃げだそうとしたローマに主が赴こうとする。ペトロの弱さを主は身をもってたしなめているのだ。ペトロは我が身を恥じ、自分がローマに行くと告げる。そしてペトロは捕縛され、死刑になるのだが、主と同じ姿で十字架にかかるのは畏《おそ》れ多いと考え、自ら望んで、逆さ磔《はりつけ》にかかる。そのペトロの墓の上に大寺院が建てられたのだ。

以上のエピソードは聖書に書かれているわけではなく、伝説にすぎないのだが、聖書に書かれているペトロのイメージをそっくり踏襲《とうしゅう》しているところが面白い。ペトロはイエスの側近であるにもかかわらず、愚鈍で臆病な人物として描かれているのだ。なぜ使徒の筆頭のペトロがそのような弱者のイメージで描かれるのだろうか。

先にも述べたように、イエスの使徒は、バプテスマのヨハネの信徒、エッセネ派の修行者、熱心党のゲリラの混合チームである（これに徴税人のマタイが加わる）。エッセネ派の修行者はわずかな人数だが、バプテスマのヨハネの信徒の数は多く、ヤコブ、ヨハネの兄弟が信徒たちを率いていたものと思われる。また熱心党は、民族主義の民衆からカンパをつのって、一定の闘争資金をもっていたものと思われる。その代表がイスカリオテのユダで、この人物は世に言われているような卑怯な裏切り者ではなく、勇敢な戦士だったのではないか（拙著『ユダの謎　キリストの謎』祥伝社ノンブック参照）。

「最後の晩餐」の真実の姿

ユダがイエスの教団の会計係を務めていたことは聖書にも記されている。十二使徒の中でも重要な地位にいた人物なのだ。最後の晩餐の席でも、イエスは自分を裏切る者のことを、自分と同じ鉢から食べている者と告げている。ダ・ヴィンチの絵画では、イエスと十二使徒が横一列に並んでいるけれども、あれは食堂の壁に掲げられたもので、食事をとる修道士と十二使徒が向かい合って食事ができるように配慮されたものだ。実際の晩餐は当時のエルサレムの慣習に従ったギリシャ風の寝椅子を用いたものと思われる（カラー口絵参照）。

これは三人用の寝椅子に横たわって食事をするもので、全員が左側に傾いた姿勢で、右手を伸ばしてテーブルの食べ物をとる。この日は過越祭《すぎこしさい》の前日であるので、種なしパン（イーストで発酵させない固いもの）が用意されている。過越祭というのはモーセのエジプト脱出（エクソダス）をしのぶ慣習である。出発があわただしかったので、パン生地にイーストを入れてふくらませているゆとりがなかった。従ってこの種なしパンは固く、そのままでは食べられない。そこでジュースに浸して食べるのだが、そのジュースの入った鉢は三人で一つ用意されている。イエスが指摘したのはこの鉢のことだ。

三人がけの寝椅子であるから、イエスが真ん中だとすると、左右に配された弟子は、十二使徒の中でもベスト2に選ばれた人物ということになる。イエスの右にいるのはヨハネ（主に愛された弟子）だ。ヨハネがイエスの胸に頭を乗せていたことが記述されている。すると裏切り者はイエスの左にいたということになる。このことからもユダがイエスの高弟であったことがうかがえる。なおこの席で、ペトロはイエスから遠く離れた場所にいた。イエスの言葉がよく聞こえず、自分が問いかけることもできないので、ヨハネに手で合図をして質問を促すといったくだりが描かれている。

ペトロはイエスの側近ではあったが、身分は高くなかった。教団を会社にたとえるなら、副社長や専務ではなく、単なる社長秘書といった立場のように見える。そのようなペトロをなぜイエスは側近としたのだろうか。ペトロは愚かで弱い人間だ。その弱さ、愚かさこそが、宗教の根底を支えるとイエスは考えたのだろう。最後の晩餐の席で、イエスはペトロに向かい、「今夜、鶏が鳴く前に、おまえは三度わたしを否認する」と預言する。ペトロは驚き、けっして主を裏切るようなことはないと誓う。しかしイエスがユダヤの群集にリンチされそうになっていた大祭司の庭で、「おまえもあいつの仲間だろう」と群集に詰め寄られた時、ペトロは三度にわたって、あんな男は知らないと否認する。その直後に鶏が鳴く。

ペトロは激しく自分を恥じ、胸を痛める。夜が明けると、イエスは十字架にかけられる。それはアブラハムがわが子イサクを犠牲に捧げたように、そして預言者イザヤが、人々に虐《しいた》げられながら自ら犠牲となるメシアの姿を預言したように、神と新たな契約を結ぶための儀式なのだが、生身のイエスが血を流して死んでいく姿を目のあたりにすれば、ペトロの胸はさらに痛んだことだろう。この時ペトロは、主を裏切ったという自分の罪を浄めるために、イエスが犠牲の小羊になったと感じる。

この罪の意識がカトリックの原点となる。愚かさや弱さや、時としては許しがたい罪が、イエスが十字架にかかることによってあらかじめ浄められている。誰にでも罪はある。心の中に欲望をもつことすら罪とされるので、信徒は胸を痛める。しかしキリストのおかげで、罪は浄められる。大きな罪を犯した者ほど、キリストのありがたさがわかるという仕組みになっている。カトリック教徒は頻繁に教会に赴き、自分の罪を告白し、懺悔《ざんげ》する。そのようにしてカトリックは民衆から欲望を奪い、禁欲を強いていくことになる。

生産性が向上しない農業中心の時代には、カトリックは一定の機能をもっていた。民衆が欲望を抑制していれば、争いが起こらず、平和が保たれる。西ローマ帝国は滅んだが、ローマ・カトリックは滅ばなかった。ローマ法王（教皇《きょうこう》）は独立した各国に枢機《すうき》卿《きょう》や大司教を送り、教会を支配すると同時に、王に王権を与えることで、ヨーロッパ全土をカトリックが支配することになった。

第5章

謎に満ちたダ・ヴィンチの生涯

——天才は一人静かに「認識（グノーシス）」する

カトリックの抑圧と、「認識（グノーシス）」への渇望

十字軍の派遣は、カトリックの強固な支配体制に欲求不満を覚えていた若者たちに、まったく異なる宗教を体験させた。それは人間の弱さや愚かさを認め、ひたすらキリストに感謝し、神にすがるという、カトリックが推奨する人生観を超えた、意欲的で積極的な人生観をもたらした。努力によって神の領域に迫る。それがグノーシスの目標である。

しかし、人間が意欲をもつことを、カトリックは許さない。十字軍から帰還した人々は、生まれ育った故郷には帰らず、自由遊民として商工業に従事しながら、やがて秘密結社を結成して、自分たちの生きる意味を追求するようになる。彼らはさまざまな分野で活躍する能力をもち、意欲をもって仕事に励《はげ》みながら、精神的にはカトリック以上の禁欲的な生活を送り、神の領域を求めて努力を続けることになる。

ダ・ヴィンチが総長を務めていたというシオン修道会という組織が、具体的にどのような活動をしていたか、詳細は不明であるが、いずれにしろキリスト教の神を信仰しながら、カトリックの支配体制を否定する、一種のグノーシス集団であったと思われる。同じ組織の総長だとされるニュートンは、ユニテリアン（神のみを認める人々）であったことが知られて

いる。そこから断定するのは乱暴すぎるかもしれないが、グノーシス思想はそもそも神の領域の「認識（グノーシス）」を求める試みだから、神の子としてのイエスや、その弟子のペトロから始まる法王（教皇）や枢機卿、大司教などカトリックにまつわるすべてのものが、ダ・ヴィンチの視野には入っていなかったと考えることも可能だろう。

だからこそ「岩窟の聖母」では、大天使に伴われた預言者ヨハネが優位に立ち、神の代理としてイエスを指し示すほどの権威を委《ゆだ》ねられているのだし、イエスは謙虚にヨハネに対して祈るような姿勢を見せているのだ。これは明らかに、カトリックに対するグノーシス思想の優位を表現している。教会が受け取りを拒否するのも当然だろう。

三位一体を否認するユニテリアン

ユニテリアンとは、カトリックの教義である三位一体《さんみいったい》（トリニティー）という考え方を認めない人々のことだ。父と子と聖霊。この三つのペルソナ（ギリシャ悲劇で俳優が着ける仮面／転じて外から見える表面的な姿）について論じたのが三位一体という教義である。父なる神、子なるイエス・キリスト、そして母マリアの胎内《たいない》に子を宿した不思議な霊の力、これらは表面的にはまったく形の異なるものであるが、すべては神によって生み出されたものであるから一つのものである、というのが三位一体の教義である。

三つのものが一つであるという教えではあるのだが、表面的に異なる三つのペルソナを認めるという点では、唯一絶対であるはずの神が、三つの異なる様相を示すことを容認する教義ということもできる。ユニテリアンはこの点を批判して、唯一絶対の神しか認めない。つまり、イエスは神そのものではなく、神によって派遣された人間にすぎないと考えるのだ。

数学や物理学の探究をしている科学者や技術者、錬金術師などにとって、イエスが神なのか人なのかということは、大きな問題ではない。彼らにとって何よりも大切なのは、神の原理に近づいていくことだ。原理を発見し、未踏《みとう》の領域に踏み出すことは、いわば神の領域に一歩近づくことを意味している。フィボナッチ数列が作り出す黄金比のように、原理は美しい。そのことを知っている人々は、神に近づいていく。同時にそれは、カトリックからの離脱を意味している。

ダ・ヴィンチが嫌悪した、父親の絶倫ぶり

そうした流れの先駆的な位置にいたのが、レオナルド・ダ・ヴィンチだ。フィレンツェ近郊のヴィンチ村の公証人の私生児として生まれたこの人物に、なぜ突然変異のように才能が宿ったのか、これは永遠に解きえない謎というしかない。知られている事実だけを述べると、父はダ・ヴィンチを息子と認めてひきとった。その後、父は別の女と結婚したが、この継母《まはは》には実子がなかったので、少年ダ・ヴィンチは温かい家庭で育ったようだ。しかしこの継母が亡くなると、父はダ・ヴィンチよりわずか三歳ほど年上の妻をめとった。父は結局、生涯に四人の妻をもち、九人の弟と二人の妹ができた。最初の弟はダ・ヴィンチと二四歳違い、末の弟は五二歳違いだった。つまり孫のような弟ができたことになる。

父のこの並はずれた繁殖力を目の当たりにして、ダ・ヴィンチ自身は子供を作る意欲を失っただけでなく、子供を作るという行為そのものに嫌悪感を抱いたのではないかと思われる。ダ・ヴィンチは一度も結婚しなかったし、彼の身近に女性の影すらなかった。ただカテリーナという女性の葬儀をしたという記述が日記に残されているが、これは生母ではないかとい

われている。

ダ・ヴィンチの周囲には弟子たちがいた。画家であるから当然である。その弟子たちがすべて美少年だったという伝説があるが、イタリア人の若者は皆、美しい顔立ちをしているから、とくに注目すべきことではない。イエスの時代のクムラン僧院や荒れ野の修行者と同じように、男ばかりで禁欲的な生活を送っていたのだろう。修行者が修行をするように、画家は絵を描く。芸術の創作は神の領域に近づく道程なのだ。

しかしダ・ヴィンチは絵画に一生を捧げたわけではなかった。同時代のルネサンス画家たちとはまったく異なる生き方を求めていた。ダ・ヴィンチにとって、絵画は生活を支えるための仕事ではあったが、生きる目的ではなかった。では彼の目的とは何だったのか。神の原理を認識すること。すなわちグノーシスの修行者とまったく同じ生き方を、ダ・ヴィンチは求めていたのだ。

「最後の晩餐」は、人物より遠近画法が優れている

出発点は絵画だったろう。それもただ絵を描くということではなく、よりよき技法を求め

ているうちに、そこに秘められた神の原理があることに気づいたのだ。黄金比はエジプトのピラミッドにも見られるし、古代ギリシャのピタゴラス学派が数学と幾何学によって解明していた。しかしダ・ヴィンチによって深められたことは間違いない。同様に、ダ・ヴィンチより半世紀前に活躍したヴェネチア出身の画家、レオーネ・アルベルチ（1404〜1472）が試みていた遠近画法を、その原理を解明した上で芸術として開花させた。

わたしたちは絵画を見る時、つい人物ばかりに目を留めてしまうのだが、ダ・ヴィンチの絵の魅力は人物の背後の風景にある。とくに「最後の晩餐」の背景を構成する遠近図法は見事だ。この背景は無限の奥行きをもっている。と同時に、絵が掛けられた修道院の壁の手前にある部屋（修道士たちの食堂であった）と、イエスと十二使徒が並んでいる絵の中に描かれた部屋とが、遠近図法で連続するように計算されている。室内のあるポイントに立って壁画を眺めると、自分のいる部屋の壁と、天井、床が作る直線が、そのまま壁画の中に一直線に延びていることがわかる。

黄金比や遠近図法を正確に描くためには、数学や幾何学の知識が必要である。真理の探究がカトリックによって弾圧されていた中世においては、古代ギリシャの知識を学ぶことさえ容易ではなかった。十字軍はグノーシス的な秘教をヨーロッパにもたらしただけでなく、アラビア人が受け継いでいた数学や幾何学を、ヨーロッパに広めることになった。その先駆者がフィボナッチである。

ダ・ヴィンチが多くの死体を解剖した目的

時代は技術革新を求めていた。カトリックの弾圧は限界に来ていた。しかしそうした時代にあっても、死体の解剖は禁忌《きんき》であった。ダ・ヴィンチは数多くの死体を解剖し、詳細なデッサンを残している。最初は人物画を描く参考にと、筋肉や骨の状態を確認するために解剖に取り組んだのだろう。しかし実際に解剖してみて、ダ・ヴィンチは心臓が一種のポンプであり、動脈と静脈によって血液が全身に運ばれることに気づく。ダ・ヴィンチ以前の誰も、そのことに気づかなかったし、興味ももたなかった。

ダ・ヴィンチの興味は、原理の探求にあった。だが貴族や豪商の子息でないダ・ヴィンチは、生活のために収入を得る必要があった。画家としては寡作であったが、それだけに生活を支えてくれるパトロンが必要だった。生地のヴィンチ村に近いフィレンツェに出て、彫刻家アンドレア・デル・ベロッキオの工房で徒弟として修業したダ・ヴィンチは、三〇歳のとき、ミラノ公国の君主ルドビコ・スフォルツァのもとに自薦状を提出してミラノに移る（このエントリーシートのような自薦状についてはのちに詳述）。

ミラノでは騎馬像の制作を命じられたが、未完成のうちにフランス軍の侵略で作業は中断された（デッサンのみ残っている）。この時期に依頼されたサンタ・マリア・デッレ・グラツィエ教会の食堂の壁画「最後の晩餐」が彼の名声を確立した。ただし加筆ができないなど制約の多いフレスコ画（濡れたままの漆喰《しっくい》に短時間で顔料《がんりょう》を塗る技法）を嫌ってルネサンス式の新技法で描いたため、短期間で色があせることになった。聖フランチェスコ教会礼拝堂のための祭壇画「岩窟の聖母」（ルーブル版）を描いたのもこの時期である。

ミラノの滞在は20年近くに及んだが、フランス軍の侵攻を機にマントバ、ヴェネチアを経て、フィレンツェに戻り、土木技師としてチェザレ・ボルジアに仕えた。その後、ミラノを支配したフランス王ルイ十二世の招きでミラノに戻り、さらにフランソワ一世の招きでフランスのアンボワーズの近くのクルー城館で晩年を過ごした。「聖アンナと聖母子」「洗礼者聖ヨハネ」（ともにルーブル所蔵）が描かれたのはこの頃である。またミラノ時代から描き始めた「モナ・リザ」を完成させたのもこの地だといわれている。67年の生涯であった。

天才ダ・ヴィンチは、自分だけで秘《ひそ》かに「認識（グノーシス）」していた

フレスコ画を嫌い、画家としてはきわめて寡作だったが、それだけにパトロンを得ることは重要だった。ミラノ公にあてた就職依頼の自薦状は、自分ができることを10項目にわたって箇条書きで数え上げたもので、ダ・ヴィンチほどの天才でも自分の売り込みのためには涙ぐましくなるほどの努力が必要だったことがうかがえる。その項目のエッセンスだけをお伝えしよう。

①運搬可能の頑丈な橋梁《きょうりょう》の設計。および敵の橋梁を破壊する方法。
②水濠《すいごう》のある城郭《じょうかく》を攻めるための梯子《はしご》と上陸用舟艇《しゅうてい》。
③敵の櫓《やぐら》や城砦《じょうさい》を破壊する方法。
④簡易に運搬できる大砲。可燃性砲弾および発煙砲弾。
⑤海戦用の武器および軍船。
⑥地下壕《ごう》、地下道、秘密通路の設計と工法。
⑦堅牢《けんろう》な屋根付きの戦車。

⑧効率的な大砲、臼砲《きゅうほう》、軽火器。
⑨投石器、弩弓《どきゅう》、弾石砲《だんせきほう》。
⑩建築の設計。道路と運河を組み合わせた都市計画。大理石、青銅、粘土による彫刻、および絵画。

実に多様なメニューだが、大部分が戦争に関する武器類で、一番最後にオマケのように彫刻や絵画が付記されているところが面白い。このメニューでもわかるとおり、ダ・ヴィンチは自分を画家として売り込んでいるのではない。画家として就職すると、絵ばかり描いていないといけない。ダ・ヴィンチがやりたかったのは、原理の探究なのだ。武器の設計なら、設計が終わればあとは技術者や職人に任せておけばいいので、次の研究にとりかかることができる。実際にダ・ヴィンチは、実用には役立ちそうもない空想的な技術（たとえば飛行機の設計）の研究を数多く残している。人体の解剖なども、心臓や循環系の原理は解明したものの、それを実用に役立てることはなかった（医学がそこまで発達していなかった）。

ダ・ヴィンチは類《たぐい》まれな天才であった。ただし彼は自分の研究の成果を一切発表しなかった。近代科学が確立されていない時代には、学会とかアカデミーといったものもなく、石工のギルド（フリーメーソンの母体）や錬金術師たちはむしろ自らの発見を隠蔽《いんぺい》しようとした。特許権などがない時代には、発表しても得るものはなく、むしろ従来の常識に反する見解を述べたりすると、怪しい魔術師として糾弾され、宗教裁判にかけられるおそれもあった。そのためダ・ヴィンチは自分の研究成果を、ほとんどは自らの胸の内にとどめ、備忘録《びぼうろく》としてわずかなノートに記したのみであった。そのノートも暗号で書かれていた（鏡に写したような反転文字だったのでのちに解読された）。

ここではダ・ヴィンチの研究成果について詳述するゆとりがないので、アメリカの著名な生化学者でSF作家としても知られるアイザック・アシモフがまとめた『科学技術人名事典』（皆川義雄訳、共立出版刊）のダ・ヴィンチの項目から一部を引用することにする。

（ダ・ヴィンチは）驚くほどの科学的洞察力の持ち主で、慣性の原理を理解していたし、ガリレイ（イタリアの物理学者／落下の法則を確立）より1世紀もまえに落体が加速されるのを知り、ステビン（オランダの数学者／圧力の研究で知られる）より60年も前に永久運動の不可能なことを知り、心臓の構造とはたらきを研究し、ハーベイ（イギリスの医者／心臓の機能と循環系の構造を発見）より1世紀もまえに血液の循環について考察し、ハットン（スコットランドの地質学者／地質学の創始者）より2世紀もまえに大地構造の永年変化の可能性を考えた。不幸にも、その考察結果を符号を使って何冊ものノートに記録して自分だけで保存したので、同時代の人は誰も彼の考察を知ることができず、従って彼の影響を受けることができなかった。

　ここでアシモフが指摘しているように、おそらくダ・ヴィンチは慣性の原理を含む物体の落下の原理を知っていたのだ。これは神の伏せたトランプカードの最も重要な一枚を開く、パンドラの箱のような試みであった。しかしダ・ヴィンチは自分が発見した原理を世の中に発表することはなかったし、数式で表現することもなかった。ただ自分だけが秘《ひそ》かに「認識（グノーシス）」していたのだ。この原理は1世紀のちのガリレオ・ガリレイによって、「発見」され、さらに1世紀後のアイザック・ニュートンによって数式化されて、万有引力の法則として確立された。

映画『ダ・ヴィンチ・コード』の誤り

ところで、映画『ダ・ヴィンチ・コード』を観た人は、「最後の晩餐」に女性が描かれているという指摘に驚かれたことだろう。イエスの右隣にいるのは使徒ヨハネではなく、マグダラのマリアだというのだ。話としては面白いのだが、グノーシスの流れをくみ、バプテスマのヨハネをイエスよりも優位に置くダ・ヴィンチが、バプテスマのヨハネの後継者だと思われる使徒ヨハネを描かないはずはない。

イエスの右隣にいるのは「主に愛された弟子」(ヨハネ)でなければならない。なぜイエスがヨハネを偏愛したのか。美少年だったからだ。クムラン僧院も荒れ野のエッセネ派も、そしてバプテスマのヨハネの教団も、禁欲的なホモ集団だった。ダ・ヴィンチも同様である。「岩窟の聖母」で描かれた大天使が美少年であるのと同様に、使徒ヨハネが女性のような美少年として描かれるのは当然のことなのだ。

マグダラのマリアは娼婦だといわれている。マグダラというのはガリラヤ湖の西海岸にある温泉で、ローマ軍将校の保養地だった。従ってマグダラの女といえば、ローマ軍相手の娼婦ということで、徴税人と並んで、ユダヤの人々からは忌《い》み嫌われた存在であった。イエスは徴税人マタイと娼婦マリアを弟子にすることで、民族主義を一掃しようとしたのだろう。しかしマリア自身も、優秀な弟子であったことは間違いない。

聖書にもイエスの逮捕の前にマリアがイエスの足を香油《こうゆ》で浄める場面が描かれている。会計係のユダは高価な香油をむだに使ったとしてマリアを批判するのだが、実はマリアだけがイエスの思いを理解し、死が近いことを知っていたのだ。復活したイエスの姿を最初に目撃するのもマリアである。遺骸は香油と香草《こうそう》で浄めるのが慣習であるが、イエスの死が突然だったので香草の用意がなかった（香油での浄めはすでに生前にマリアが行っている）。そこでマリアは香草をもって墓に赴き、復活したイエスと出会うのである。

死海文書が発見される3年ほど前に、ナイル川の上流のナグ・ハマディという場所で、素焼きの壺に入った文書が発見された（ナグ・ハマディ文書）。その中に「トマスによる福音書」があった。ここではトマス（双児という意味）こそが、イエスの特別な弟子であることが示されているのだが、同時に、マリハムという女性が、弟子の筆頭のペトロをしのぐ高弟であることが描かれている。この福音書は「ヨハネによる福音書」と同様、グノーシス思想によって書かれている。

そもそもなぜイエスの母の名と、マグダラのマリアが同じ名をもっているのか。確かにマリアというのは、ユダヤ人に多い名前だ。古くは出エジプトの英雄モーセの姉の巫女《みこ》的な女性がミリアムと呼ばれていた。このミリアムがマリハム、さらにマリアと転訛《てんか》していったわけだが、「旧約聖書」にはさまざまな女性が登場するから、マリアの他にも名前はたくさんあったはずだ。「新約聖書」の作者たちは、母マリアと、娼婦マリアのイメージを重ねようとしている。つまりマグダラのマリアは単なる弟子ではなく、「神の子」であるイエスの「母なる存在」を象徴しているのだ。

マグダラのマリアは、「最後の晩餐」ではなく「岩窟の聖母」に描かれている

生母カテリーナしか女性を身近に置かなかったダ・ヴィンチは、そのことを知り抜いていた。ここでまた「岩窟の聖母」の絵柄を想い起こしていただきたい。なぜ聖母は岩窟にいるのか。岩窟とは母の胎内の象徴である。その胎内から、イエスが生まれ、同時にグノーシスの流れを担うバプテスマのヨハネもまた幼児として、胎内に収められている。聖母マリアが絵の中央の一段高い位置に置かれているのは、マリアが単に肉体を産み出した母胎であるだけでなく、グノーシス的な理性の源《みなもと》であることを象徴している。

岩窟そのものがグノーシスの母胎であるとすると、ここに描かれたマリアは、母マリアであるだけでなく、イエスの高弟であったマリア、生前のイエスを香油で浄めたマリア、復活したイエスの最初の目撃者であったマリア、すなわち、娼婦であるマグダラのマリアの姿をも重ね合わせて描かれていると考えるべきだろう。マグダラのマリアこそ、知恵の象徴のような存在だからだ。

マグダラのマリアはここに描かれている。同じ時期に描かれた「最後の晩餐」にマリアを描く必要はなかったのだ。

第6章

ガリレオ・ガリレイの発見

——カトリック的世界観への最初の挑戦

大聖堂のシャンデリアで「振り子の法則」を発見する

話の先を急ごう。ダ・ヴィンチが一度開いたパンドラの箱は、そのまま公表されることなく、暗号で書かれたノートの中に封印されてしまった。その秘密の扉を再び開いたのは、一〇〇年後（16世紀後半）のガリレオ・ガリレイ（1564～1642）だ。この本の中では、ガリレイ（これが苗字なのでこう呼ぶことにする／ガリレオはガリレイ家の長男という意味）はダ・ヴィンチからニュートンへの橋渡しをするだけの人物なので、その生涯には触れずに、手短に発見の経緯だけを記そう。

出発点はピサの大聖堂である。当時はまだ医学の勉強をしていた青年ガリレイは、偶然、大聖堂のシャンデリアを眺めていて、神秘の扉に触れることになる。その時は夕刻で、シャンデリアは点灯されたばかりで揺れていた。何百年も前から教会はあり、鎖で吊された蠟燭《ろうそく》はあったはずだ。その間、（ダ・ヴィンチを除いては）誰も気づかなかった原理が、ガリレイの目の前にあった。いまでは小学生でも知っていることである。

天井から吊されたシャンデリアは一種の振り子である（ただし振り子時計はまだ発明されていないから振り子という概念はなかったはずだ）。長いヒモ（あるいは鎖）で吊された振り子は、ゆっくりと振動する。短いヒモの場合は速く振動する。振動の速さ（周期）はヒモの長さだけに関係し、吊されている重り（シャンデリアの重さ）には関係しない。そのことに気づいたガリレイは、そこに神秘の扉があることを感じとった。

重い物体は、強い力で地面に向かって引きつけられている。誰でもそう思うし、古代ギリシャのアリストテレス（BC384～322）も同様の見解を述べていた。中世においてもそれが常識だったのだ。しかし重い物体が強い力で引きつけられているのなら、落下のスピードも速いはずだ。振り子の振動というのは、重りの落下がヒモの力で横方向に変換されたものだから、重量の大きな重りのほうがスピードが上がるはずである。ところがガリレイが観察した実際の振り子の速度は、重りの重さとは無関係なのだ。

この時、ガリレイは振り子の法則を発見したのだが、それは振り子だけの問題ではなく、落下の法則が関わっていることに、ガリレイは気づいていた。そこでガリレイは落下の法則そのものの研究を始めることになる。ただし落下する物体の観測というのは、肉眼では不可能である。しかしガリレイはこれも直観で、垂直に落下する物体の運動も、斜面を転がっていく球の運動も、原理は同じだということに気づいた。斜面の場合は横方向への運動との合《ごう》力《りょく》になるのだが、水平面に球を転がせばすぐにわかるように、空気抵抗を無視すれば（転がり摩擦《まさつ》はほとんどゼロと考えていい）、横方向への運動はどこまでも一定速度である（物体に力が働いていない場合に等速運動をしつづける性質を「慣性《かんせい》」と呼ぶ）。従って、斜面を転がる球が加速されるとすれば、それは垂直方向への落下による加速だけが関わっていることになる。

斜面を転がる球の運動を観測すれば、落下する物体の運動とまったく同じ原理を確認することができるのだ。ゆるやかな斜面を設置すれば、球のスピードも抑えられるので、充分に肉眼で観測できる。ガリレイは斜面に等間隔に目盛りをつけた（これを1単位と呼ぶことにする）。時間は自分の脈拍で計る（正確ではないが1秒とする）。そして、出発点をゼロとして、1秒ごとの球の位置を目盛りで確認した。

目盛りの間隔と斜面の角度を調整して、1秒で1単位進むようにしてから、2秒後、3秒後の運動を観測すると、驚くべきことがわかった。最初の1秒で1単位進んだ球は、次の1秒間では3単位進む。さらに次の1秒間では5単位進む。このように1秒ごとに進んだ距離を数列で示すと次のようになる。

1　3　5　7　9　11　13　15　17……

これは一見すると、奇数の数列である。フィボナッチ数列のように、直前の数字との関係を見ると、直前の数字よりつねに2だけ増えていることがわかる。こういう数列を等差数列と呼ぶ。ガリレイはすでに、横方向への球の動きは、力を加えなくても（最初の一突きは必要だが）等速運動だということを知っていた。横方向だけでなく、垂直方向にもこの等速運動の動きは見られるはずだ。等速運動だけなら、数列は増加しない。数列が増加するということは、その増えたぶんだけ（ここではつねに2だけ増えている）、何かしら力が働いているはずだ。すなわち、つねに地面に向かって一定の力（重力）が働いていることになる。

ガリレイは重さの異なる球を用意して、同様の実験を重ねた。それはシャンデリアの動きが見せた最初の疑問を解明するためだった。重い物体には、より大きな重力がかかる。それは重いものを手に持ってみればわかることだ。ところが振り子の法則と同様に、重い球を斜面で転がしても、軽い球と同じ動きしかしない。それはなぜなのか。ガリレイは重い球を水平面で転がす時に、自分の指先に、微妙な手応えの違いがあることに気づいた。水平面で球を動かすためには、最初の一突きが必要である。あとは重い球も軽い球も等速運動するのだが、重い球に最初の一突きを与える時は、より大きな力が必要だということを、ガリレイは発見したのである。

ほぼ完全に「重力の法則」を確立したガリレイ

重い物体は動かしにくい。これこそが秘密のカギであった。空気抵抗がなければ、水平方向に転がっていく球はどこまでも一定のスピードで運動する。無重力状態の宇宙空間を移動していく物体も同様である。あらゆる物体は力が働かない場合には等速運動する（静止している物体も等速運動の速度ゼロの場合と考えることができる）。外部から押されたり、内部からロケットを噴出するなどしなければ、ずっと止まっているか、一定の速度で運動する。そして、その速度を変化させるには、力を加える必要があるのだが、重い物体の速度を変化させるには、より大きな力が必要だということになる。重いものを手で持つというのは、重力に引かれて運動しようとする物体を、手で反対向きの力を与えて押しとどめていることになる。これは物体に最初の一突きを与えるのと同じことになるので、重い物体を支えるためには、より大きな力が必要なのだ。

重い球と軽い球を斜面で転がした場合について考えてみよう。重い球にはより大きな重力がかかっている。だから重い球のほうが速いスピードで動きだすかというと、そうではない。重い球は慣性の法則によって、大きな力を加えないと速度が変化しない。つまり重力の大きさと、慣性による「重いものは動かしにくい」という性質が相殺して、斜面を転がる球は重量に関係なく同じ動きをすることになる。

斜面というのは、垂直方向の運動に横方向の動きを加えることで、目で見えるようにしたものだった。斜面をどんどん傾けていって、斜面が垂直になった場合は、すなわち落下そのものと同じことになる。つまり垂直に落下する場合でも、物体は重量には関係なく、一定の加速をしていくことになる。

この予測を証明するために、ガリレイはピサの斜塔の上から、重量の異なる砲弾を落下させ、両者が同時に地面に到達することを確認したといわれる。これはよくできた伝説かもしれない。ガリレイの同時代人のオランダのシモン・ステビン（1548～1620）も同様の実験をしたと伝えられる（もちろんピサの斜塔ではない）。いずれにしても、ガリレイはアイザック・ニュートンに先だって、ほぼ完全に重力の法則を確立したのだ。ただ残念ながら、その理論を説明するため、ガリレイに与えられたツールは、定規とコンパスを用いた幾何学しかなかった。それだけでは、この理論を充分に説明することはできないのだ。

ところで、中世の人々もそれなりの宇宙観をもっていた。それは古代ギリシャ最大の哲学者といわれるアリストテレスの理論によるものだ。アリストテレスは運動している物体にはたえず力が働いていると考えた。根拠はない。浮力の法則を発見したアルキメデスのように、実験をしたわけではなく、単に書斎の中で思弁哲学に耽《ふけ》っていただけなのだ。また惑星の運動に関しては、人智の及ばない神の領域だとして物理学では扱わないと決めてしまった。

ガリレイは水平面で球を転がすことで、あっさりとアリストテレスの間違いに気づいてしまった。転がっている球は、最初の一突きを与えるだけで、あとは力を加えなくても等速運動を続ける。慣性の法則の発見である。ガリレイは秘密の扉を開いた。それは1世紀前にすでにダ・ヴィンチが知っていたことではあるが、この1世紀の差が、ガリレイに栄光と挫折をもたらすことになる。栄光というのはもちろん、原理の発見者という名誉だが、挫折のほうは、ダ・ヴィンチよりほんのわずかのちに生まれたニコラウス・コペルニクス（1473〜1543）の理論を知っていたことに起因する。

コペルニクスは「地球の回転」を主張したわけではない

このポーランド生まれの聖職者はイタリアで数学と天文学を学び、惑星の運行に関する画期的な理論を発表した。そもそも惑星がなぜ惑星なのか（なぜ天球上を迷走するのか）というのは、長い間の人類の謎であった。謎だからこそ、そこに神秘を感じた人々が占星術を生み出したのだ。惑星の位置は天啓であり、そこには意味があるのだと、300年前の人々は考えた。だが惑星は、まったくでたらめに動いているわけでもない。そこには何らかの法則があるように見える。その法則がわかれば、惑星の将来の動きを予測できる。惑星の位置に意味があるのだとすれば、将来の位置を予測するということは、未来の出来事を予言できることになる。

すでに紀元前2世紀の頃に、古代ギリシャ最大の天文学者といわれるヒッパルコス（BC190頃〜120頃）が、驚異的に正確な理論を発表し、惑星の動きをほぼ完全に予測していた。彼はまず惑星が天球上の十二宮のベルト地帯を回ることから、大きな円を想定した。そしてその円の上の一点を中心とした小さな円を考えた。これは遊園地にあるティーカップという遊具を考えればいい。ティーカップは回転する円盤の上に置かれている。円盤の縁に置かれたティーカップは円盤の動きに従って大きな円を描く。しかしティーカップ自身も回転しているので、その中の座席に座った人物は、きわめて複雑な運動をすることになる。

これで惑星の揺らぎを大まかに説明できるのだが、それでも微妙な揺れが観測されるので、ヒッパルコスはさらにもっと小さい円があって、微妙な揺らぎを生み出していると考えた。

これらの円を周転円、輸送円、離心円と呼ぶ。計算はものすごく複雑になるのだが、これでとにかく、惑星の動きをほぼ正確に計算することができた。従って、計算さえできれば、占星術師として未来を予言することができたのである。

コペルニクスが提唱したのは、もっと簡単な計算方法があるということにすぎない。太陽を中心として、惑星と地球が回転していると考えれば、驚くほど計算が簡単になる。コペルニクスが言っているのはそれだけのことで、実際に地球が太陽の周囲を回転しているなどとコペルニクス自身が考えていたわけではない。コペルニクスは神学者であり、教会の神父でもあったから、カトリックの世界観に異を唱えるはずはなかった。

ということになっているのだが、コペルニクスが本当はどう考えていたのか、そこのところはわからない。その著「天球の回転について」が出版されるまでに、教会関係者が余計な序文をつけたり、中身にまで干渉して、右のような言い訳を付けてしまったとも考えられる。しかしこの言い訳のおかげで、コペルニクスが宗教裁判にかけられるような事態は起こらなかった（著作はのちに異端目録に加えられたのだが）。

天体の観測から、地球の回転を確信したガリレイ

コペルニクスの学説は、カトリックだけでなく、新興のプロテスタント（新教）の人々からも非難され、嘲笑《ちょうしょう》された。地球が回転しているのであれば、その上にある物体（人間自身も）は後方に放り出されてしまうことになる。またその回転がどんな力の作用によるものかも説明できない。

ガリレイの不幸は、このコペルニクスの理論を、物理学的に説明できてしまったことにある。地球も惑星も慣性で等速運動していると考えれば、力を加える必要はないのだ。むろん「最初の一突き」という問題は残るのだが（そこに神を登場させてもいい）。回転する地球から人間が振り落とされないのは、人間もまた慣性で、地球と同様の等速運動をしていると考えればいい。

コペルニクスの提案は、あくまでも、こう考えれば計算が楽になるという、便宜上の仮説にすぎなかった。しかしガリレイは地球は動くと考え、その意見を公表した。彼の確信には理由がある。ガリレイは天体の回転という事実を目撃したのだ。それは凸《とつ》レンズと凹《おう》レンズ

を使った簡単な望遠鏡の発明にある。最初にこの種の望遠鏡を作ったのはオランダの眼鏡屋ハンス・リッペルスハイだが、天体を観測したのはガリレイが最初なので、ガリレイ式望遠鏡と呼ばれる。

ガリレイがまず観測したのは月面だが、望遠鏡を木星に向けると、小さな星が四つ、真横に並んでいるのが見えた。不思議に思って位置をスケッチしながら観測を続けるうちに、この四つの星が、木星の周囲を回転している衛星だとわかった。実際に衛星が動いているさまが見えたわけではないが、毎日のスケッチを連続して眺めれば、衛星がぐるぐると回転しているさまが目の前に浮かび上がる。とにかく木星の衛星が回転していることは間違いないので、慣性の法則は揺るぎのない事実と感じられた。

ガリレイ式望遠鏡は筒の両端にレンズを付けただけの簡単な構造だし、この時代には安価なガラスが量産されていたので、カトリック関係者も木星の衛星を見ることができた。従って、ガリレイを支持する人々も少なくなかった。ガリレイはそういう状況を踏まえた上で、天動説と地動説の両方を併記して問答をさせた「天文対話」という著書を発表した。

しかし頑迷《がんめい》なカトリックの幹部たちは、最終的にガリレイを宗教裁判にかけた。ガリレイは自説を曲げるしかなかった。結局、火あぶりになることはなく、牢獄《ろうごく》に閉じこめられることもなかったが、著書は発禁処分となり、ガリレイは自宅に幽閉《ゆうへい》されることになる。伝説では、判決を聞きながら、ガリレイは「それでも地球は動く」とつぶやいたことになっている。

デカルトは、一匹の蝿《はえ》の動きから、「解析幾何学」を発明した

この章を締めくくるにあたり、最後に、ルネ・デカルト（1596～1650）について話しておかなければならない。原理の記述のために幾何学というツールしかなかったということが、ガリレイの限界であった。ところが次章に登場するアイザック・ニュートンには、新たな武器があった。すなわち解析幾何学である。現代の高校生たちを悩ますこのとんでもない発明は、体が弱く病床にいることが多かったデカルトの頭の上を、一匹の蝿が飛んだところから始まったのである。

デカルトは近代哲学の父といわれる。それまでの素朴な認識論から一歩抜け出して、あらゆるものを疑ってみるというところが、画期的だといわれる。あらゆるものを疑ってみたが、疑っている自分という主体があることは疑いえない。「われ思う、ゆえにわれあり」というのが、デカルトのキーワードである。しかし自分以外のものがすべて存在しないかというと、

デカルトは数学の心得もあったので、数学とか幾何学の原理は確かに存在すると考えた。

さてそこで、蝿の話になる。デカルトの頭の上を蝿が飛んだ。蝿は円を描いたり、楕円を描いたり、放物線を描いたりした。デカルトは疑い深い人間である。蝿というものは実在しないかもしれないと考えた。しかし、円や、楕円や、放物線というものは、蝿とか蚊とか蜂とかいった個別の虫の存在からは離れた、抽象的なものであるから、これは確かに存在するというしかない。

円、楕円、放物線、さらに双曲線といった曲線は、円錐《えんすい》曲線と呼ばれる。ダイコンの先っぽのような円錐を、真横に切ったり斜めに切ったり、さまざまな角度で切ってみると、いろいろな曲線が現われる。この蝿のさまざまな動きを、数値で表現することはできないか。そんなふうに考えたデカルトの頭の中でひらめくものがあった。

蝿の瞬間的な位置は、座標というものを使えば特定できる。すでにコロンブスのアメリカ発見から100年以上が経過し、大航海時代に突入していた。船の位置を緯度と経度で表わす方法が確立されていた。それと同じように、自分の目の前に、縦と横の座標を設定して目盛りを読めば、蝿の位置を表わすことができる。その時デカルトが考えたのは、高校生にはおなじみの、X座標とY座標である。この座標を使えば、定規とコンパスで描くのは難しい放物線が、何とも単純な数式で表現できることにデカルトは気づいた。

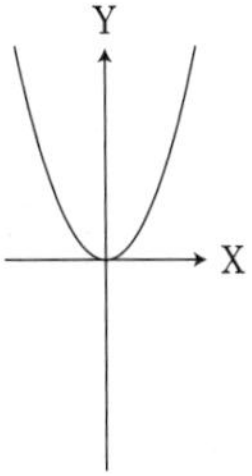

$y = x^2$

何ともシンプルな数式である。数式というものは、アラビアから伝えられた代数学（ツルカメ算をxとyで解くような初歩的な算術）によって、ヨーロッパの人々にもなじみ深いものになっていた。しかし従来の代数では、一次の記号（x、yなど）は長さを表わし、二次の記号（x^2、y^2など）は面積を表わすことになっている。右の数式は、yという長さが、一辺がxの正方形の面積と等しいという意味しかない。長さが面積に等しいということは、従来の代数では、まったく意味不明の数式でしかなかった。しかし、デカルトが考えた座標（「デカルト」のラテン語的な呼び方「カルテウス」からカルテシアン座標と呼ばれる）を使えば、この数式は意味をもつことになる。

さらに、直線、円、楕円、双曲線も、この座標を用いれば、簡単な数式で表現できるし、直線同士、あるいは直線と曲線の交点は、連立方程式の解を求めるという代数的な計算で、たやすく求めることができる。それまで定規とコンパスで図形を描き、論理を用いて論証していた幾何学の証明が、代数の数式を解くという方法に変換される。これはまさに大発見であり、大発明であった。定規とコンパスの幾何学が、代数の計算で解ける。これを解析幾何学と呼ぶ。

物体の落下を、横軸に時間をとって表現すれば、放物線になる。これはボールを上方に投げたり、野球のバッターがフライを打ち上げた場合を想定すれば目で確認することができる。いずれもボールは放物線を描く。まだ野球がなかった時代の人々も、大砲の砲弾の軌跡《きせき》（戦争をする時には重要なテーマだ）と着弾位置の予測といった問題で、放物線というものについては、重大な関心をもっていた。

重力に関する秘密の扉は、放物線にある。この放物線を、きわめてシンプルな数式で表現したデカルトは、まさにニュートンという横綱が登場するための、露払《つゆはら》いの役割を果たしたことになる。

第7章
近代科学を確立したアイザック・ニュートン
——ローマ法王も認めざるをえなかった「万有引力の法則」

ダ・ヴィンチ、ガリレイ、ニュートンをつなぐ時計

アイザック・ニュートン（1642〜1727）は奇妙な人物であった。性格が歪《ゆが》んでいる。そう言っても過言ではない。ガリレイが死んだ年、イギリスのウールスソープに生まれたこの人物は、父の顔を知らずに育った。生まれる前に亡くなっていたのだ。三歳の時に母が再婚して祖父母に育てられた。もとよりこれだけの理由で性格が歪むということはありえないのだが、遺伝的にも、躁鬱《そううつ》気質《きしつ》であったことは間違いない。自分の気に入ったことには集中するが、他人や世間に対する目配りに欠け、少年時代の学校の成績もパッとしなかった。

しかしデカルトが発明した解析幾何学や、二次、三次の方程式を含む代数学には異様に興味をもっていた。すでに学生時代に、二項定理と呼ばれるものを解明して、それだけでも数学史に名を刻《きざ》む業績を残した。まるでホラー映画に出てくるマッド・サイエンティストみたいに気難しく、極度の一点集中型だったようだ。ニュートンが思索《しさく》に耽《ふけ》っていて、間違えて貴重品の携帯時計をゆでたという話は有名だが（真実かどうかは疑わしい）、そういうこともあるだろうと思わせるほどの変人だった。

ところで、日《ひ》時計や水《みず》時計というものは古代からあったし、教会の建造物の発展とともに、

時計台の鐘《かね》というものが設置されるようになったが、当時はかなりアバウトなもので、半時間くらいは狂うのが当たり前だった。正確に時を計る装置がなかったのだ。ところがダ・ヴィンチはノートに、フュゼ（均力車《きんりよくしや》）と呼ばれる装置のスケッチを描いている。これはほぼ正確に時を刻む機能をもっていたと考えられる。ただしこれもノートに描かれていただけなので、実用の役に立ったわけではない。実際に役立つ原理を提出したのはガリレイである。振り子の法則は、実際に振り子時計として実用化されたので、ガリレイこそが時計の発明者といってもいいかもしれない。

振り子の原理を応用して最初の実用的な時計を作ったのは、オランダの物理学者、クリスチャン・ホイヘンス(1629～1695)だった。彼はいわゆる「おじいさんの古時計」式の重りによる振り子時計を発明し、さらにテンプル（往復運動のかわりにねじれによる回転で時を刻む仕掛け）と渦巻《うずまき》状ゼンマイによる小型化に成功した。携帯時計の出現である。ニュートンがゆでたとされるのは、この種の小型時計だったかもしれない。このホイヘンスは、光の波動《はどう》説を唱えて、粒子《りゆうし》説のニュートンと対立することになる。時計の話は本論とは関係ないのだが、ダ・ヴィンチ、ガリレイ、ニュートンといったこの本の登場人物が、時計をめぐって連なっているところが面白い。

リンゴは落ちるのに、なぜ月は落ちてこないのか？

話をニュートンに戻そう。大学を卒業したあと、奨学金が下りたので引き続き大学で研究することは可能だったが、ロンドンでペストが流行していたので、ニュートンは故郷のウールスソープに戻り、母の農場に滞在していた。そこでまず光の研究をした。ガリレイが愛用したガリレイ式望遠鏡の性能を上げようとして、より倍率の高いレンズを利用しようとしても、視野が虹のようににじんで像がぼやけてしまうことが知られていた。このことに興味をもったニュートンは、ガラスの性質を調べているうちに、プリズム（ガラス製の三角柱。断面が直角二等辺三角形のものが基本）によって白色光線が七色に分解することを目撃した。これは大発見であり、この成果で数年後、ニュートンは二七歳でケンブリッジ大学の教授に任命されることになる。異例の抜擢《ばってき》であった。

ニュートンは王立協会会員に推挙され、晩年には会長に選ばれる。さらに造幣局長に就任し、それまで銀本位制（現在も用いられるポンドという単位は銀の重さに由来する）だったイギリスの通貨を、純度の高い金貨を発行することで、実質的に金本位制に移行させたりもした。ニュートンは秘《ひそ》かに錬金術に興味をもっていたので、造幣局長の仕事は適任といえたのだが、雑務に追われて研究に集中することができなくなった。

ニュートンの生涯の中で、最も稔《みの》りの多い日々というのは、大学教授に就任する以前の、ペストから逃れて母の農場に滞在していた時期だった。そこでニュートンは、プリズムによる分光《ぶんこう》などといった些細《ささい》な発見ではなく、人類の歴史を揺るがすような偉大な発見を成し遂げることになる。それはガリレイがピサの大聖堂で揺れ動くシャンデリアの動きを目撃した時と同様の、歴史的な大事件であった。すなわち、青年ニュートンの目の前で、リンゴの実が落下したのである。

リンゴが落ちる。そんなことは当たり前だ。しかしニュートンは疑問を覚えた。リンゴは落ちるのに、なぜ月は落ちてこないのだろうか。すでにニュートンは、ガリレイの慣性の法則を知っている。月に充分な横方向へのスピードがあれば、そのまま等速運動を続けるはずだ。それにしても、月は遥か遠くにあるはずなのに、木になっているリンゴよりも大きく見える。実際には巨大な天体であるはずだ。重量も大きく、強い力で地球に引きつけられているはずなのに、落ちるような気配は見せない。巨大な重力に対抗するためには、どれほどのスピードが必要なのか。

この時、突然、ニュートンの頭脳は、驚異的な集中力で回転を始めた。地球の大きさは古代ギリシャのエラトステネスでも知っていた。また天動説でも惑星の動きを計算できる複雑な仕組みを考えたヒッパルコスは、離れた地点で月の角度の違い（これを視差という）を測定し、月までの距離が地球の直径の30倍であることを計算していた。これだけの情報があれば、地球が月に及ぼす引力と、リンゴに及ぼす引力とを、正確に計算できるはずだ。

ニュートンの集中力は、ここで一つの仮説を生み出した。ニュートンは光の研究をしていたので、そこからの類推で、引力が距離に応じて弱まっていくのではと考えた。近くで見ると明るい灯火も、距離が離れると暗く見える。同じように、重力も距離が離れると弱くなるのではないか。ニュートンはこの瞬間、直観的に、のちに万有引力の法則と呼ばれる偉大な原理に気づいたのである。

$$F=\frac{Gm_1m_2}{d^2}$$

偉大な数式である。これを月に及ぼす地球の引力にあてはめてみると、Fは引力、Gは重力定数（万有引力定数）、二つの m は地球と月の質量（地球上では重量と同じだと考えていいが、無重力の宇宙空間でも失われることのない、慣性による「動かしにくさ」のこと）、d は距離（正確に言うと地球の中心と月の中心との距離）である。G は単位を調整するための定数で、のちにアインシュタインが出現した20世紀には、光速度 c、およびプランク定数 h（粒子としての光のエネルギーの最小単位）と並んで、物理学における最も重要な定数の一つとされることになる。この数式が偉大なのは、地球の重力を解明しただけでなく、宇宙のあらゆる天体の運動を、この数式で解明できることである。

その結果、物理学の世界では、ニュートンは神のごとく崇《あが》められることになった。当時のローマ法王でさえ、こんな詩句でニュートンを讃《たた》えたといわれている（言うまでもないがこれは「旧約聖書」の冒頭部分のパロディーである）。

自然の法則は闇に包まれていた。
神は言われた。ニュートンあれと。
すべてが光の中で解明された。

ニュートンが、神学と近代科学の地位を逆転させた

ニュートンの出現によって、近代科学は神学に代わって、わたしたちの世界観を支える基準となった。神について「そのような仮説は不要です」と言ってのけたピエール・ラプラスまでは、あと一歩の距離だ。このラプラスは科学史上類例を見ないほどの天才ではあったが、ニュートンよりも100年遅く生まれたために、肝心な部分はニュートンがすべて発見してしまっていた。しかしニュートンがやり残した困難な問題をすべて解決して、天体に関する力学を完成させたのは、ラプラスの功績である。

晩年のニュートンは栄光に包まれることになった。しかしリンゴの落下を目撃した直後のニュートンは、いささか慎重だった。物体間の引力は距離の2乗に反比例する（距離が離れると急速に弱くなる）という正しい見解に到達していながら、計算の結果が実測値と微妙にずれていることから、ニュートンは自分の着想に興味を失ってしまった。

地球の大きさに関する2000年以上も前のエラトステネスの概算に誤差があった（あるいは単位の換算が正確ではなかった）ことが原因と思われるのだが、ニュートン自身、物体の中心間の距離で計算することに、多少の疑念を抱いていたこともあって、この結果を世に

発表することはなかった。

ニュートンは光の研究で名声を高め、ガラスによる色収差《いろしゅうさ》（虹色をした画像のぼやけ）のない反射望遠鏡を開発した。ニュートン式と呼ばれるものである。現在の一眼レフカメラの望遠レンズなどは、材質の異なるレンズを組み合わせることで色収差を解消しているのだが、ニュートンの時代にはそのようなことは不可能だったので、凸《とつ》レンズと同じ働きをする凹面鏡《おうめんきょう》を用いることを思いついたのだ。同時代のスコットランドの数学者、ジェイムズ・グレゴリー（1638～1675）も同様のアイデアをもち、設計図も描いていたのだが、実用的な反射望遠鏡を作ったのはニュートンのほうが先だった。

およそ１００年後、ドイツ生まれのイギリスの天文学者ウィリアム・ハーシェルが、自分で作製した巨大なニュートン式反射望遠鏡で、驚異的な発見をすることになるのだが、このことは後述する。

「微積分」を発見したのは、ニュートンかライプニッツか？

偉大な万有引力の法則を思いついていながら、興味を失ってしまったニュートンも、物体の落下については研究していた。ガリレイが発見した数列をもう一度、思い起こしてみよう。

1
3
5
7
9
11
13
15
17……

これは1秒ごとに物体が進んだ長さである。では出発点からの距離の累計はどうなるのか。つまり出発してからn秒後に、物体は出発点からどれほど離れているかということである。これは右の数列の和を求めればいい。

1+3=4
1+3+5=9
1+3+5+7=16
1+3+5+7+9=25
1+3+5+7+9+11=36
1+3+5+7+9+11+13=49
1+3+5+7+9+11+13+15=64
1+3+5+7+9+11+13+15+17=81

誰でもすぐにわかることだが、この答えを見れば、n秒後の到達距離はnの2乗だということがわかる。つまりx秒後の到達距離をyとすると、こんな数式になる。

$$y = x^2$$

ガリレイの時代には、こんな数式は意味をもたなかった。しかしデカルトの頭の上を蠅が飛んだおかげで、ニュートンにはこれが放物線を示すグラフであることはすぐにわかった。実際に、横方向に等速運動する砲弾は、放物線を描くことになる。では、ガリレオが発見したような、1秒ごとの距離を示す数列が、つねに2ずつ増えていくという事実（結果としては重力を示しているのだが）は何を意味しているのか。

ニュートンは1秒ごとではなく、1秒をさらに細分化して、一瞬一瞬のポイントにおける、放物線の接線《せっせん》の傾きを考えた（曲線に1点だけで接する直線を接線と呼ぶ）。原点からX軸を右の方に進んでいくにつれて、接線の傾きは増えていくのだが、その変化の度合はつねに一定になる。これがつねに物体に作用し続ける引力、すなわち重力を意味している。このようにニュートンは、曲線を微細な点の連続と考えることによって、曲線の傾きの変化に法則性があることを発見した。このような計算の手法は、「微分」と呼ばれることになる。なおこの反対の手順を「積分」と呼び、合わせて「微積分」と呼ぶこともある。

この微分という方法は、まったく同時代に、ドイツの哲学者、ゴットフリート・ライプニッツ（1646～1716）も発見していた。この微分という考え方の基本的な発想は、半世紀ほど前のフランスの数学者、ピエール・フェルマーが提唱していた。だから誰が最初の発見者なのかを特定することは難しいのだが（当時は第一発見者の栄誉をめぐって激しい論争が続いた）、物理学の分野では、ニュートンが微分という手法を用いて力学を完成させたという点で、高く評価されることになる。なお、数学の分野では、ライプニッツが用いた表記法のほうがシンプルだったので、こちらが用いられることになった。

「ハレー彗星《すいせい》」のハレーによって、世に広められた万有引力の法則

さて、話を万有引力の法則に進めよう。微分の第一発見者をめぐる論争で、ニュートンは生まれつきの気質でもあった神経衰弱を悪化させることになる。従って、万有引力の法則を

公表する意欲も失っていた。ところが、リンゴの落下を目撃したのと同じような偶然で、この理論が著書として公表されることになる。

ニュートンの若い友人に、エドモンド・ハレー（1656～1743）という天文学者がいた。セント・ヘレナ島に赴いて南半球の恒星を観測するなど、数多くの実績を残した学者だったが、とくに彗星に興味をもっていた。しかし彗星の動きは複雑で、ヒッパルコスの方法はもとより、コペルニクスの方法でも充分には解明できなかった。そこでハレーは、先輩でもある友人のニュートンに、天体の運動について質問してみた。

ニュートンは青年時代に思いついた数式を示して、しかし間違っているかもしれないと付け加えた。だが、この時代になると、ニュートン自身が発明した反射望遠鏡の効用でもあるのだが、恒星を観測してその時の望遠鏡の傾きから、地球の大きさを計算するという方法が確立されていた。さらにニュートン自身が微分法を確立していたので、天体の中心同士の距離を用いて計算することに、理論的な裏付けがなされていた。ハレーの質問で、ニュートンは忘れていた青春時代の大発見を思い出すことになった。改めて計算し直してみると、自分が偉大な発見をしていたことに気づいた。

これには友人のハレーのほうが興奮した。ハレー自身、ニュートンの万有引力の法則を用いて、今日ハレー彗星と呼ばれている最大の彗星の再来を予言することに成功し、歴史に名を残すことになるのだが、このハレーは資産家でもあった。まだ造幣局長になる前のニュートンは質素な生活をしていたのだが、ハレーが全額出資をして、ニュートンの大著「プリンキピア（正式タイトルは自然哲学の数学的原理）」が世に出ることになる。本は分厚いのだが、ニュートンの原理はごくシンプルなものだ。

第一、慣性の法則／物体に力が働かなければ等速運動（速度0の静止状態を含む）する。
第二、運動の法則／速度の変化（加速度）は力に比例し質量に反比例する（数式で表わせば F=ma ／Fは力、mは質量、aは加速度）。
第三、作用と反作用の法則／物体が相互に及ぼし合う力は大きさは等しく向きは反対である。

この三つの法則で力学はほぼすべて解ける。その根底にあるのは、すでに述べた万有引力の法則である。

ニュートンの提出した原理は、シンプルで揺るぎがなかった。科学者はもちろん、専門家ではない貴族や一般大衆までが、ニュートンを熱狂的に支持した。そのため下院議員に選出されたほどである。ただしニュートンは、議会では一度も発言しなかった（一度だけ立ち上がって窓を閉めてくれと言ったという伝説がある）。法王までがニュートンの功績を認めないわけにはいかなかった。むろんイギリス国教会はすでにカトリックから離脱していた（そのきっかけは国王が離婚するためだったが）から、ニュートンが宗教裁判にかけられる心配はなかったのだが、頑迷なカトリックもついに科学を認めたのである。

とはいえ、カトリックがけっして容認できない一つの信念を、ニュートンは心の内に秘めていた。ユニテリアン……。神の子であるイエス・キリストの神性を認めないという、過激な反カトリック思想である。

次章では、ニュートンの思想と信念について考えてみたい。

第8章

「唯一の神の領域」を目指してきた科学者たち

――ダ・ヴィンチとニュートンをつなぐ「グノーシス」の欲求

反社会的で危険なユニテリアン

　ニュートンが秘密結社のようなものに加わっていたという確証はない。しかしかなり偏屈で神経症的な人物であったことは間違いなく、生涯独身で、しかも公表された科学的業績の他に怪しい研究を続けていたことは事実である。怪しい研究とは、すなわち錬金術である。石工が秘密結社の代表格のフリーメーソンを結成したように、錬金術師たちも自分たちの秘密を守るために、地下のネットワークを築いていた。

　ニュートンの死後、その書斎にあった蔵書が公開されている。合計一六〇〇冊のうち、神学や哲学に関するものが五〇〇冊以上あったと伝えられる。さらにニュートンは、「プリンキピア」を世に出した直後に、三位一体を否定する論文を書いている。偉大な著作を発表した直後の虚脱感が、信仰に結びついたのかもしれない。しかし三位一体はカトリックだけでなく、プロテスタント教会においても大切な原理であったから、これを否定するというのは、イギリス国教会を敵に回すことになるし、ニュートンを熱狂的に支持していた貴族や民衆を敵に回すことにもなりかねない。

　思いもかけないほどの名声で、ニュートンは舞い上がってしまい、いまこそ自分の信念を発表する時だと決断したのかもしれない。自分ほどの名声があれば、何を言っても許されるという思い込みがあったのかもしれない。しかしもともとニュートンは、世間体を気にかけるような人物ではなかった。自分の信念に基づき、やりたいことをやった結果が、たまたま世間に認められたということだろう。だからこそ、「プリンキピア」という大著を世に出したあとには、自らの信念を公表せねばならぬという、義務感のようなものを覚えたのかもしれない。

ニュートンよりほぼ1世紀のちのイギリスの化学者に、ジョゼフ・プリーストリー（1733～1804）という人物がいる。彼はもともと神学者だった。父もイギリス国教会からは批判されたピューリタン（清教徒）の牧師だったが、プリーストリーはユニテリアン派に所属して、この新しい教えを広める宣教師として活動していた。「キリスト教頽廃《たいはい》の歴史」とか、「イエス・キリストに関する初期の歴史」、さらには「西ローマ帝国崩壊に至るキリスト教会史概観」といった、過激な本を出版している。

ところで、彼が拠点としていたユニテリアン派の教会の隣に、たまたまビール工場があった。彼はその工場に入り浸《びた》りになる。酒が好きだったわけではない。発酵という現象に魅了されたのだ。かくしてプリーストリーは、ビールから出てくる泡が二酸化炭素であることを特定するなど、気体研究の第一人者となった。一酸化窒素《ちつそ》、二酸化窒素、二酸化硫黄《いおう》、アンモニア、塩化水素などはすべて、プリーストリーが発見したものである。これらは化合物だが、歴史に名を残すには単体の気体を取り出す必要があった。幸運にもプリーストリーは、酸化水銀をレンズで集めた太陽光線で分解して酸素を発生させることに成功した。実際には少し前にスウェーデンのカール・シェーレ（1742〜1786）が先に発見していたのだが、発表が遅れたため、酸素の発見者としてはプリーストリーの名が歴史に刻まれた。

化学者としての業績にもかかわらず、ユニテリアンとしての過激な思想活動のために、プリーストリーの家は暴徒に焼き討ちにされ、居場所を失ったプリーストリーは家族とともにアメリカに移住しなければならなかった。新天地のアメリカでも、彼はユニテリアンの伝道者として活躍し、フィラデルフィアに最初のユニテリアン教会を築いている。

このプリーストリーの生涯からもわかるとおり、ユニテリアンという思想活動は、反社会的で危険なものと考えられていた。ニュートンは牧師ではない。しかし「プリンキピア」がもたらした栄光の絶頂の中で、ユニテリアン的な論文を発表するということは、かなりこの思想に熱中していたことがうかがえる。おそらく青年期からの、筋金入りのユニテリアンだったと思われる。

形骸化したカトリックを超えて、神と一体となることを目指す

ニュートンは父の顔を知らずに育った。生まれる前に父は死んでいた。生母も三歳の時に再婚して、幼児のニュートンは祖父母に育てられた。寂しい少年時代を過ごしたのだ。そのためなのか、世俗的な意味での情感に乏しい、風変わりな人物になってしまった。この種の青年がロンドンに出ていけば、新興の思想に洗脳されるということもありうる。おそらく大学生だった頃に、ニュートンはユニテリアン派の思想に出会ったのだろう。

一〇〇年後のプリーストリーの時代と違って、この時代はイギリス国教会の勢力が強く、ユニテリアン派の教会などは存在しなかった。イギリス国教会というのは、ヘンリー八世(1491～1547)の離婚問題でカトリックに訣別したという経緯があり、さらにエリザベス一世(1533～1603)の改革で、教義はプロテスタント、儀式はカトリックという、イギリス国教会の独特のスタイルが確立された。従って、プロテスタントといってもかなり保守的なものだった。そのため清教徒たちはアメリカに進出せざるをえなかった。

こうした状況を考えると、当時のユニテリアン派は、秘密結社のような組織で、その内容

も秘教的なものであったと思われる。プリーストリーが教会の隣のビール工場を見て、発酵の泡に興味をもったというのは、彼の個人的資質というよりも、グノーシスの伝統を踏まえて、原理を探求することが神の領域に近づくことになるという思いがあったのではないだろうか。だとすればニュートンがリンゴの実の落下を見て、ここに神の原理が隠されていると感じたのは、まさにグノーシス派ならではの着想というべきだろう。

ニュートンは孤独な少年時代をすごした。生来《せいらい》の陰気な気質では、大学でも孤独な日々を過ごしていたのだろう。彼にとって唯一の心の癒《いや》しは、数学の研究に没頭することだった。そんな時に、同じように神の領域を求めてひたむきに努力をしている人々がいれば、青年ニュートンが強い共感を抱いてその集団に近づいていっただろうことは、容易に想像できる。

ユニテリアン派の教義がどのようなものであったか、現在のユニテリアン派から類推することはできない。プリーストリーが布教したアメリカのユニテリアン派は、ユニヴァーサリスト教会と合併して、新たな発展を遂げているからだ。そのユニヴァーサリスト教会とは、最後の審判の時には、すべての人々が救済されるという理念をもった宗教集団である。神はただ一つであるというユニテリアン派とは、どこか通じ合う部分もあるように思われる。要するに、キリストが犠牲として十字架にかかったことで、悔い改めた者だけが救済されるというカトリックの論理を認めないということだ。

彼らは儀式化し形骸化したカトリックを超えて、神の領域に直接に近づき、神と一体となることを目指している。これは青年ニュートンの心理を考えれば、生きる意欲を支えてくれる貴重な指針であり、人生哲学であったと思われる。大学を卒業しても勤め口はなく、ペストから逃れることを口実にして母の農場に滞在していた頃のニュートンは、深い孤独の底に沈みながら、ただひたすら神の領域に近づくために、数学や物理学の原理を探ることに集中していた。

ここでは、神と科学が一体のものになっていた。数学の二項定理について考え、プリズムで光のスペクトル（赤から紫への色の変化を伴った光の帯）を研究することが、ニュートンにとっては、神に近づくことだったのだ。カーテンの隙間からもれた光が、ガラスの屈折によって虹色のきらめきをもっていたとしたら、それが神が用意してくれた素晴らしいプレゼントだと考えるのは、ごく自然な発想だろう。ガラスを工夫してプリズムを作り、見事な七色のスペクトルを目撃した時、ニュートンはこれこそは虹の原理であり、神の啓示に触れたと感じたに違いない。

だからこそ、リンゴが落ちるという、ただそれだけのことにも、もしかしたらここに神の原理が秘められているのではないかと、真剣に考察を進めたのだ。こうした孤独な集中は、ダ・ヴィンチにも通じるところである。ダ・ヴィンチは自分の発明発見をノートに書き留めるだけで、一切公表しなかった。ニュートンもまた、万有引力の法則を発見していながら、長い間、放置していた。発見を世に問う必要はなかったのだ。ダ・ヴィンチも、ニュートンも、神の領域に分け入り、神と一対一で対面していたのだ。

「神の最初の一突き」があるから、宗教と科学は対立しない

幸いなことに、ニュートンには仲間がいた。ハレーである（ハレーも秘密結社の一員だったのではないか）。この年少の友人のおかげで、ニュートンは大著「プリンキピア」を世に出すことができた。しかしその後のニュートンの活動は異様である。ユニテリアン思想の論文を書き、物理学の研究は放り出して、錬金術に没頭したのである。ニュートンの万有引力の法則は、のちにアルベルト・アインシュタインの登場で修正を余儀なくされるのだが、20世紀をまつまでもなく、不完全な部分があった。宇宙の二つの天体の動きは完璧に計算できるのだが、天体が三つになると解けないのだ。この三体問題と呼ばれるものは、現在でもコ

ンピュータで近似値を出すしかない困難な問題なのだが、しかし特別な場合には解ける。ニュートンほどの天才なら、簡単に気がつくはずだが、すでにニュートンは物理学に興味を失っていた。

ニュートンは生涯にわたって、質素な生活を続けた。贅沢《ぜいたく》な生活を求めたわけでも、金が欲しかったわけでもなかった。錬金術に没頭したのは、神が創造したこの宇宙の原理を知りたいという、純粋な知的好奇心のためだった。ダ・ヴィンチが死体を解剖したのも同様である。彼らはつねに、神とともにあった。神の領域にわが身をひたすことを、唯一の喜びとして、科学の探求に生涯を捧げたのだ。

ダ・ヴィンチはもとより、宗教裁判にかけられたガリレイも、あらゆるものの存在を疑ったデカルトも、神を信じていた。万有引力の法則で近代物理学（力学の分野だけだが）を完成させたニュートンも、もちろん神を信じていた。惑星は慣性の法則で動いている。力が働かなければ、物体は等速運動を続ける。しかし静止ではなく、一定のスピードで動いているということは、最初に何らかの力が働いているはずだ。その最初の力とは何か。言うまでもなく、「神の最初の一突き」である。ニュートンもまた、神の最初の一突きを信じていた。

この宇宙の始まりには、神の一突きがあった。そう考えれば、神と物理学は共存できる。

ニュートンが発見した「原理」を創造したのも神である。このようにして宗教と科学は、一種の妥協をして、棲み分けすることに成功した。だからこそ、ローマ法王もニュートンを讃えたのだ。

ニュートンのやり残した問題を解決したラグランジュ

晩年を不毛な錬金術に捧げたために、ニュートンがやり残した問題があった。すなわち三体問題。これを解決したのは、フランスの天文学者ジョゼフ・ラグランジュ（1736～1813）である。ラグランジュはデカルトが発明した解析幾何学を徹底的に応用して、「解析力学」という著作を発表した。ここには、太陽、地球、月、という三体問題を計算する方法が提示されている。

大まかに言えば、太陽、地球、月のような、大きさや距離が極端に違うものは、まず地球と月を一まとめに考え、地球と月の間の重心（実は地球の内部にある）に質量が集中していると仮定する。するとこの問題は「地球と月のセット」と「太陽」という、二体問題に変換できる。それで二体問題として、地球と月の重心の動きを計算してから、その重心の周りを地球と月が互いに回転していると考える。すると地球はわずかに振動し、月は振動しながら地球の周囲を回ることになる。

こうした振動には、原理的に2種類ある。振動が大きくなったり小さくなったりする場合と、恒久的に振動が拡大してついには軌道《きどう》が壊れてしまう場合だ。もしも惑星の軌道が壊れてしまうと、そのまま宇宙の彼方《かなた》に飛び去るか、太陽に衝突してしまうことになる。しかしラグランジュの計算では、恒久的に拡大していく振動はなく、太陽系は安定していることがわかった。ニュートンが描いた宇宙像が、ラグランジュによって不動のものだということがわかったのだ。

とはいえ太陽系は、微妙に変化していく。惑星は異なる半径で太陽の周囲を回っているからスピードも違う。スピードの速い内側の惑星が外側の惑星を追い越していく時に、かなり接近する。その度に互いの引力によって双方の軌道が変化する。月もこうした影響を受ける。計算すべきことは無限にある。解析力学という新しい分野を拓いたラグランジュの能力にも限界があった。

物理学の歴史上最大級の天才、ピエール・ラプラスの登場

救世主が現われた。ラグランジュより一三歳若い協力者が出現したのだ。しかもこの援軍は、物理学の歴史上最大級の天才であった。ピエール・ラプラス（1749～1827）。この本の最初のほうで紹介した、皇帝ナポレオンに向かって、「神という仮説は必要ない」と豪語した人物である。貧しい農民の子として生まれたラプラスは、少年の頃から数学の才能を発揮して、陸軍士官学校に入って才能を開花させた。

ラプラスはラグランジュとは別個に太陽系惑星の摂動《せつどう》（惑星間の引力による軌道の微妙な変化）を研究し、太陽系が安定していることを証明してみせた。ただしその計算結果について、ラグランジュとの間に論争が起こったのだが、結果としてはラグランジュはラプラスの才能を認め、その後は協力して研究することになった。若いラプラスのほうが長生きしたので、晩年は独力で研究を続け、太陽系の天体の運動をすべて解明した「天体力学」全五巻を発刊して研究の集大成とした。

太陽系について、ニュートンは万有引力の法則という原理を提出しただけなので、その細部の運動については、ラプラスの解明が後世に決定的な影響を与えた。ニュートンが原野に

切り開いた道筋を、完全舗装の道路としたのはラプラスの功績である。ラプラスの著書はいまでも天体力学の教科書とされるほどだ。

そしてラプラスの出現は、ダ・ヴィンチ以来のグノーシス的な科学者の時代の終わりを告げていた。ラプラスは「神の最初の一突き」を必要としなかった（現代の多くの科学者はビッグバンと呼ばれる「一突き」を想定している）。それは神秘というものがヴェールを剥《は》がされ、宇宙の始まりに必ずしも神は必要なく、神から独立して、人間が自らの知性によって世界を認識できる時代が始まったことを意味している。

だが、皇帝ナポレオンを前にしたラプラスの高らかな宣言をまつまでもなく、神の宇宙はすでにわずかな綻《ほころ》びを示していた。しかもそれはラプラスのような傲慢《ごうまん》な科学者ではなく、いわば神の庭の一員ともいえる、教会のオルガン奏者による、驚異的な発見によるものであった。

ウィリアム・ハーシェル（1738～1822）。ドイツのハノーバーに生まれた音楽家である。イギリスに移住して教会のオルガン奏者の職を得たハーシェルは、趣味の天体観測を始める。自分で凹面鏡を磨き、当時としては最大級のニュートン式反射望遠鏡を完成させた。そしてひたすら、夜空を観測していたのである。

そのニュートン式反射望遠鏡の視野の中に、小さな天体が観測された。それほど明るい天体ではなかったが、彼の精密な望遠鏡の視野の中では、その天体は恒星のような点ではなく、ある大きさをもった円形の天体として観測された。ハーシェルは過去の天文学者が調べた星図をチェックして、この天体が、ゆっくりと移動していることを確認した。

星が移動する。すなわちこの小さな天体は、恒星ではなく、まったく新たな惑星だったのだ。この発見の意義については、次章で詳しく述べることにしよう。

第9章

「神の領域」の終焉《しゅうえん》

——人類の認識の一つの到達点

原理の限界を教える「不確定性原理」

古代ギリシャから始まって、ダ・ヴィンチからニュートンに到るまで、科学者たち（主として数学者と物理学者）は神を信じ、神の領域を求めて（神の領域の認識をグノーシスと呼ぶ）、天賦《てんぷ》の才能を駆使し、自らを律して努力を続け、驚異的な集中力によって、科学の原理（彼らはそれを神が創造したものだと信じた）を発見し、神秘のヴェールを一枚、また一枚と開いてきた。

だがやがて、神が用意したトランプカードはすべて開かれ、神には持ち札がなくなってしまった。少なくともラプラスは、もはや物理学の領域で、謎とされるものは何もないと確信していたに違いない。彼は「ラプラスの魔」と呼ばれる思考実験を提出している。宇宙のあらゆる天体の現在の運動量（質量と速度の積）と位置をすべて認識している巨大な知性があるとすれば（それは神でも悪魔でもかまわない）、その知性は物体の未来の運動をすべて予言することができる……。

ラプラスにとって、「原理」とは、そのようなものであった。望遠鏡などの観測機器には改善の余地があり、現在の観測能力には限界があるとしても、いずれの日にか、宇宙のあらゆる現象を完全に認識することができれば、未来は100パーセント確実に予言できるというほどに、ラプラスは「原理」というものを信じ込んでいたのだ。

いまでは、このラプラスの見解は、きわめて楽観的であると同時に、幼児にも等しい幼稚な認識であったということがわかっている。ヴェルナー・ハイゼンベルク（1901～1976）が提出した「不確定性原理」によって、人間の認識能力には限界があると同時に、それが存在そのものの様相であることが確認された。ということは、どのような卓越した知性があったとしても、存在そのものに不確定の要素があって、世界は揺るぎのない因果律《いんがりつ》として把握できるものではないということになっている。

これは微小な世界の話である。原子とか、電子とか、そういった素粒子の世界では、外部からわずかでも力を与えると、その位置が大きくずれてしまうような微小な粒子の存在は、その運動量と位置とを同時には特定できないということが、明らかになった。なぜなら、目で見るにしろ、装置で測定するにしろ、その粒子の存在を認識するためには、光や電波をぶつける必要がある。しかし光も電波もエネルギーと大きさをもっているので、粒子に影響を与えてしまう。

正確にいうと、ガンマー線（放射性元素から放出される、紫外線やX線よりも強いエネルギーをもった光）は波長が短く観測する粒子の位置の特定には有利だが、エネルギーが大きすぎて粒子を吹き飛ばしてしまう。エネルギーの小さい光や電波は波長が長くなるので、位置が特定できなくなる。結局、位置の精度と運動量の精度は反比例の関係になるので、一定の不確定性が残ってしまう。これはプランク定数hという一定の大きさをもった不確定性で、観測装置の精度をそれ以上、上げることはできない。素粒子の存在は、ぼやっとした小さな雲のようなものとしか認識できない。これがハイゼンベルクの主張である。

人間も神も、けっして予測しえないもの

その雲のような存在は、「確率の雲」と呼ばれている。比喩でいえばこういうことだ。サイコロを振る。どの目が出るかは誰にもわからない。しかし、ヤクザが使うインチキなサイコロでなければ、1から6までの目が出る確率はどれも同じだということは明らかだ。つまり、6億個のサイコロを振れば（1個のサイコロを6億回振ってもいい）、1から6までの目は、1億ずつに分布するはずだ。

これはあくまでも6億個という、膨大な数に関する確率の問題である。6億個ではなく、

目の前に用意したわずか6個のサイコロを転がして、それがきっちり1から6までの目になるということではない。むしろ、振った6個のサイコロの目がすべて異なっていることのほうが珍しいだろう。さらに、1個のサイコロを1回だけ振った時に、どの目が出るかは、誰も予測することができない（ルーレットで次の数字を予測できれば大儲けができる）。それは神にも予測することのできない出たとこ勝負の偶然なのだ。くりかえすが、サイコロを6億回振れば、出る目の確率を予測することは充分に可能だ。個数や回数が増えれば、確率は具体的な現実として意味をもつのである。

わたしたちが物理的な現象としてとらえている現象は、惑星の運動にしろ、ガリレイが転がした球にしろ、マクロの現象である。たとえば杯《さかずき》一杯ほど（約18グラムとしよう）の水の中には、6に0が23個もついた個数（1兆の1兆倍より少し少ないくらい）の水の分子が存在する。それくらいの量があれば、確率は充分に意味をもつ。従って、マクロの世界に限っていえば、ラプラスの見解は間違っているとはいえない。けれども、ただ1個の水の分子の運動は、神の叡智《えいち》をもってしても、予言することはできないということなのだ。

人間の認識には限界がある。宇宙の果てを見とおすことができないだけでなく、微小な粒子の世界を見極めることも不可能なのだ。

神の存在は、自分の存在に密接に関わっている

わたしたち人類は、あまりにも多くの秘密のカードを開いてしまった。しかしその前には、いまだに大きな壁のごときものが横たわっている。カードを開けば開くほど、謎はさらに深まっていく。その大きな壁のごときものとはいったい何なのか。

唐突だが、この本も終わりに近くなってきたので、わたしは誰にも答えることができない問いを、読者に問いかけたいと思う。

神とは、何だろうか。

正直に言えば、これは意味のない問いである。神という言葉自体、キリスト教の神なのか、日本の神道のような多神教の神なのか、それだけではわからない。キリスト教に限定しても、カトリック、オーソドックス、プロテスタントで違うし、三位一体を認めるか、ニュートンのようなユニテリアンなのかによっても違う。

神というキャラクターのイメージはさまざまだが、神が何らかのかたちで、宇宙の創造と関わっていると、多くの人々は考えているはずだ。なぜ宇宙は存在しているのか。この問いは、なぜわたしはここにいるのか、という問いとつながっている。つまり神の存在は、自分

というものの存在と密接に関わっているのだ。

もしも神がいないのだとしたら、わたしたちは自分がここに存在する根拠を何に求めればいいのだろう。神が不在のまま、単なる科学の知識だけで、わたしたちは宇宙を認識（これもグノーシスというべきなのか）し、心の安らぎを得ることができるのだろうか。こうした問いは、これから科学がどれほど進歩し、わたしたちの知識が増えたとしても、果てしなく続いていくことだろう。

神と宇宙とは、ほとんど同じ意味をもっている。宇宙はどのようにして始まったか、という問いに明確に答えることができれば、神がなくても、わたしたちは生きていける。では現代科学は宇宙の始まりについて、どのような「認識」をもっているのか。その点について、簡単に触れておこう。

なぜ「ビッグバン」は起こったのか

読者も「ビッグバン」という言葉をお聞きになったことはあるだろう。宇宙の始まりには、巨大な爆発があった。エネルギーだけがある真空の中から、質量をもった微小な粒子が出現すると同時に、宇宙は膨張を始めた。その膨張の途上で恒星や惑星ができるプロセスはほぼ解明されている。その「ビッグバン」がいまから137億年前に起こったということもわかっている。

しかし、肝心なことはわかっていない。その「ビッグバン」はなぜ起こったのか。そして、「ビッグバン」が起こる前は、どうなっていたのか。こうした重要な問題について、科学はいかなる解答も用意してはいない。科学が到達したのは、その程度の「認識」にすぎない。それならば、旧約聖書の冒頭と、大差ないということになる。

神は言われた。
「光あれ」
こうして、光があった。

現代の科学者の多くはキリスト教徒である（そうでなければユダヤ教徒だ）。神をどれほど信じているかは別として、洗礼式、結婚式、葬式と、教会での儀式には参加しているはずだ。宗教そのものが滅びたわけではない。それは慣習であり、儀式ではあるのだが、わたしたちの日常生活が慣習と儀式で成り立っていることを考えれば、宗教はいまだ重要な意味をもっているということもできる。

わたしはここで、神というものを、二つの側面から考えるべきだと提案したい。一つは人間の日常生活を支える慣習と儀式である。もう一つはグノーシス的な側面だ。ある種の人間は日常生活から離脱して、神秘の世界を求めようとする。ダ・ヴィンチも、ニュートンも、孤独な魂をひたすら神の領域に近づけるために、数学や物理学の原理を追究しようとした。そのことが、原理に迫り、結果としては、人類に科学技術という大きな果実をもたらしたのだ。

ある意味で、ダ・ヴィンチもニュートンも、幸福な時代を生きたということができる。神が伏せた秘密のカード（しかも重要な切り札というべきカード）が手の届くところにあって、それを一枚、また一枚と開いていく喜びとともに、人生を生きることができた。ダ・ヴィンチにとって、黄金比や遠近図法の原理は、画期的な絵画の手法をもたらした。ニュートンの目の前には、万有引力の法則があった。神の偶然の戯《たわむ》れのようなリンゴの落下が、ニュートンにとっては神秘的な啓示《けいじ》と感じられたのだ。

ニュートンよりわずかに遅れて世に出たラグランジュやラプラスは、神が用意した切り札のすべてをニュートンが明らかにしてしまったので、自分たちの前には、カスのようなカードしか残されていないと失望せずにはいられなかった。それでもこの二人は、力学というものを完成させた。そのことは近代の技術革新に大きな果実をもたらした。

実をいえば、ラグランジュもラプラスも、失望する必要はなかったのだ。ニュートンが掘り起こした金鉱のあとにも、秘められた宝物はいくつも残されていた。その最初の扉は、ラグランジュやラプラスが活躍していた18世紀に、すでに開かれていた。まずはニュートン式望遠鏡で未知の惑星を発見したハーシェルの話から始めよう。

天王星を発見したハーシェル

ハーシェル（1738～1822）については、第8章の最後のところでも触れたのだが、改めてその生涯を振り返ってみよう。ドイツのハノーバーに生まれたハーシェルは当初、軍楽隊の一員としてフランスとの戦争に従軍していた。しかし戦争の悲惨さに直面した彼は、戦線を離脱し、イギリスに逃れることになる。それはハーシェルが生まれる少し前に、ハノーバーの領主（母がイギリス王室から嫁いできた）が王としてイギリスに招かれ、ジョージ一世になったという経緯があり、ハノーバーの人々はイギリスという国に親しみをもっていたからだ。ハーシェルがイギリスへの渡航を決意した時期にも、ハノーバー王朝は存続していて、ジョージ二世が王として君臨していた（ちなみに現在のエリザベス二世はジョージ六世の長女である）。

縁故《えんこ》のない異国の地であったが、音楽の才能がハーシェルを救った。教会のオルガン奏者の職を得たハーシェルは、ひたすら神のために音楽を奏《かな》でていた。ハーシェルには、音楽の他に、もう一つ、命を捧げるほどに没頭しているものがあった。天体観測である。当時の天文学は、望遠鏡の開発による発展途上の時期だった。要するに、望遠鏡の性能が上がれば、いままで見えなかった星が見えるようになる。

ただし望遠鏡のメーカーがあったわけではないので、性能のよい望遠鏡を手に入れるためには、自分で作るしかなかった。望遠鏡の性能は（ニュートン式の場合）凹面鏡の口径で決まる。凹面鏡は大きければ大きいほうがいい。そのためには、凹面鏡の表面を自分で磨く必要があった。ハーシェルには根気があった。彼は独身だったが、キャロラインという妹がいて、協力してくれた。そしてハーシェルは当時としては最大級のニュートン式望遠鏡を完成させ、偉大な発見に結びつけた。

ハーシェルがのぞいた望遠鏡の視野の中に、小さな円形の星が見えた。恒星ははるかな遠方にあるので、どんなに明るい星でも点にしか見えない。しかしそのやや暗い星は、くっきりとした円形をしていた。星図を調べても確認されていない星である。何もない宇宙空間に新たな星が見える場合、ハレー彗星のような、尾をもった彗星の可能性がある。しかし彗星の多くは、氷の塊《かたまり》なので、いびつな形をしていることが多い。ハーシェルが見つけた星には尾がなく、形も完全な円形であった。

ハーシェルは古い星図を調べて、その星が一定の速度で天球を移動していることをつきとめた。古い星図には単なる恒星として記入されていたのだ。さらにニュートン力学で軌道を計算すると、彗星のような楕円軌道ではなく、きわめて円形に近い軌道であり、その軌道は土星の外側にあることがわかった。これは新たな惑星である。しかも土星よりもずっと外側を回っている。太陽系というもののスケールが、一挙に拡大されたことになる。ハーシェルは確信をもって、自らの発見を学会に公表した。すでに新たな月の噴火口や変光星などの発見で、ハーシェルは学会では名を知られていた。各地の天文台にある性能の劣る望遠鏡でも、ハーシェルが示した位置に未知の天体が存在することは、多くの天文学者が確認した。この結果は、物理学の世界だけでなく、世の中の全体に衝撃をもたらした。

キリスト教の屋台骨《やたいぼね》を揺るがすような大事件

星座は刻々と場所を変える。しかし天球ドームという天井を想定して、星がドームの壁に貼り付いていると考えれば、回転しているのはドームだけで、星は動かないということになる。この動かない星を恒星と呼ぶ。あまたある星の中で、七つの天体だけは、天球ドーム上を移動していく。太陽と月に地球以外の五つの惑星を加えた、日、月、火、水、木、金、土という七つの天体だけが動くことが、古代の人々にとって謎であった。だからこそ7はラッキーナンバーであり、一週間は7日とされているのだ。

それだけのことなら何の問題もないのだが、古代の人々は、惑星がなぜ動くのかわからなかったため、神の啓示だと考えた。現在多くの人々が愛好している占星術の基礎が整備されたのは、３０００年ほど前のメソポタミア地方だとされている。「新約聖書」には占星術についての記載はないのだが、ベツレヘムでイエスが生まれた時に、東方から博士たちが祝いの品をもって訪問するというくだりがある。欧米のクリスマスでは宗教劇やフィギュアなどで表現される名場面だ。

この博士はギリシャ語ではマギと呼ばれ、マジック（魔術）の語源ともなっているのだが、福音書には人数の記載はない。しかし博士たちが祝いの品として、黄金、乳香《にゅうこう》（芳香性の白い樹脂、香水の原料）、没薬《もつやく》（ミイラの防腐剤に用いられた樹脂）を献《ささ》げたことから、三博士と呼ばれるようになり、バルタザール、ガスパール、メルキュールと名前までつけられた。三博士たちはベツレヘムの上空に輝く星を見て駆けつけたとされている。これはベツレヘムの星と呼ばれ、クリスマス・ツリーの先端に飾られるのだが、実際にイエスが誕生した時に星が輝いたかどうかは不明である。木星と土星との接近だともいわれるし、有名なジョットの宗教画では尾のあるハレー彗星が描かれている。

キリスト教がローマの国教と公認された時、占星術はすでに地中海の全域に広まり、民間信仰として否定できないものになっていた。そのためカトリックは、東方三博士をクリスマスに欠かせない登場人物として認め、その結果、占星術はカトリックの内部にとりこまれた。そこに、まったく新しい惑星が出現したのである。これはカトリックのみならず、キリスト教の屋台骨を揺るがすような大事件だった。

ハーシェルが発見した惑星は、ハーシェル自身はイギリス国王の名をとってジョージとすることを提案したのだが、周囲の天文学者は発見者の名をとってハーシェルとすべきだと主張した。結局、五つの惑星にギリシャ神話の神々の名が冠されているところから、天界の王ウラヌスと呼ばれることになった。天王星の存在は、ニュートンも予想しえなかった新たな事態であった。

しかしハーシェルはニュートンの権威を高める発見もしている。全天の恒星の中には、二つの星がきわめて接近している連星と呼ばれるものがある。銀河系宇宙（もちろんその外部の宇宙全体も）は立体的に広がっているが、地球から観測すると天球ドーム（プラネタリウムの天井のような）は、球形に曲がった二次元の平面として観測される。平面上でたまたま接近している星も、実際は遠く離れている場合が多い。ハーシェルは連星には視差（人間は左右の目の映像のズレで遠近感を認識する。天体の場合は地球の公転軌道の直径を利用する。つまり半年の期間を置いて観測すると、そのわずかなズレによって距離を測ることができる）が認められないため、二つの星は互いに引力を及ぼしながら回転していると考えた。そして長い持続的な観測によって、二つの星がニュートンの万有引力の法則に従っていることを確認した。ニュートンの原理は、太陽系だけでなく、宇宙の全域を支配していることがわかったのだ。

ニュートンの原理は、宇宙全体を支配している。もはや宇宙に神の存在する余地はなくなってしまった。神を信じ、唯一絶対の神の領域にひたるために、ひたすら研究に打ち込んで万有引力の法則を発見したニュートンは、結果としてはラプラスのように、神を必要としない世界観をもたらした。人類の「認識」の歴史は、そこまで進化してしまった。

ニュートンは、ダーウィンの進化論を知らない。遺伝子ＤＮＡの存在も知らない。いままでは古典的な世界観となってしまった化学の初歩的な発展も知らずに、古い錬金術の世界に閉じこもっていた。だが、物理学の領域に限っても、天王星の発見（のちに天王星の微妙な振動から海王星が発見される）よりも、もっと大きな発見が起こり、そのためついにはニュートンの原理そのものが修正を余儀なくされる事態が起こることを、ニュートンは知らなかった。

ニュートンの出現で、神が伏せておいたトランプカードは、すべて開かれてしまったと、多くの科学者が信じた時代があった。しかし実際には、意外に多くのカードが、まだ伏せられたまま、誰にも知られずに存在していたのだ。その切り札が、一枚、また一枚と開かれていく過程を、次の章で語ることにしよう。

第10章

神の秘密の切り札

――天才たちも気づかなかった「目に見えない存在＝電子」

ダ・ヴィンチもニュートンも、その存在に気がつかなかった「電子」

この章は駆け足で語らなければならない。登場人物が多いからだ。しかし主役はただ一人といってもいい。それは人間ではなく、「電子」と呼ばれる微小な粒子である。ダ・ヴィンチはもとより、ニュートンも、そして神の存在を否定したラプラスも、「電子」というものの正体を知らなかったし、そのようなものの存在の可能性にさえ気づいていなかった。

しかし太古の昔から、人類は電子の存在に気づいていた。しかも電子は、つねに神とともにあったのである。日本のような自然に恵まれた土地では、多神教が信仰されていた。多くの場合、御神体《ごしんたい》と呼ばれるものは、丘の上の巨木《きょぼく》であったり、峰《みね》の上の巨岩《きょがん》であったりした。なぜならそこにはしばしば落雷が起こるからだ。

砂漠にも落雷は起こる。空全体が発光し、やがて強烈な音響とともに天と地とが光の道で結ばれる。落雷。それがいったい何なのかは、誰にもわからなかった。正体はわからないが、その音響とまばゆい光線を見れば、そこに神秘を感じないわけにはいかない。「旧約聖書」には、背信と非道の町ソドムとゴモラが神の怒りによって一瞬のうちに崩壊するさまが描かれているが、そこには明らかに落雷のイメージがある。雷は神秘そのものであった。

雷とは何なのかはわからないが、雷のミニチュアのようなものも、古代から知られていた。コハク（松ヤニなどの樹脂の化石）を布でこすると、パチパチと音がする。暗いところで見ると、瞬間的な発光が見られる。古代ギリシャ人たちはギリシャ語のコハクという言葉から、これをエレクトロンと呼んでいた。いまの言葉でいえば「静電気」である。わたしたちも暗闇の中でアクリルのセーターを脱いだりすると、発光現象を目撃することができるし、車から降りた時など、ビリッと電撃を感じることがある。

わたしたちが利用している電気は3種類ある。静電気は集塵機《しゅうじんき》などにも利用されているが、利用価値が高いのは、バッテリーと呼ばれる直流と、家庭のコンセントに流れている交流である。このうち直流の電気を偶然に発見したのは、イタリアのルイジ・ガルバーニ（1737～1798）だった。

ガルバーニは、アメリカの政治家であり科学者でもあるベンジャミン・フランクリン（1706～1790）が、凧《たこ》を上げた実験で雷が静電気であることを実証したというニュースを聞いて、新たな実験を思いついた。ガルバーニは解剖学者で、カエルを解剖して脚の筋肉の近くで静電気の火花を発生させると筋肉が収縮するという実験を続け、その原因を探ろうとしていた。雷が静電気であるなら、雷が鳴っている時にカエルの筋肉が収縮するのではないか。

　ガルバーニは雷雲が発生しているのを確認して、カエルを解剖し、真鍮《しんちゅう》（銅と亜鉛の合金）のフックに筋肉をかけて、鉄の窓枠にセットした。すると思いがけないことが起こった。雷はまだ鳴っていないのに、カエルの筋肉は収縮したのだ。何事が起こったのか、ガルバーニは理解できなかった。

　これは人類が最初に遭遇《そうぐう》した、目の前で直流電流（電子が一方向へ大量に移動する現象）が流れた瞬間だった。カエルの脚が電流計（または電流が流れていることを確認するための電球）の役目を果たしたのである。こんなところに、神の秘密の切り札は隠されていた。それにしても、何という偶然だろう。真鍮と、鉄と、カエルの脚。このセットがなければ、電子というものは、永遠に人類の前に姿を見せなかったかもしれない（2種類の金属間には直流が流れる。それゆえ組合せ装置《バッテリー》と呼ばれる）。

　解剖学者のガルバーニには、この現象を理解することも説明することもできなかった。幸いなことに、彼はダ・ヴィンチのような秘密主義者ではなかったから、自分が目撃した事実を学会に報告した。これに目を留めたのが、同じイタリアの物理学者、アレッサンドロ・ボルタ（1745〜1827）だった。彼は静電気の専門家だった。ハンドルを回すと持続的に静電気を発生させる起電器を発明して研究に没頭していた。

ボルタはカエルの脚には興味がなかった。異なる種類の金属を接触させると何かが起こるということを突き止め、さまざまな種類の金属を組み合わせて実験を重ねた。そしてついに、ボルタは世界で最初の電池を発明したのだ。この電池からは、持続的に電流が流れる。といっても、この電池で何ができるかは、すぐにはわからなかった。懐中電灯も、電動モーターも、ウォークマンも、パソコンもない時代である。

「化学」の世界には、数限りない未知の世界が残されていた

舞台はイギリスに移る。ハンフリー・デービー（1778～1829）という化学者がいた。彼は亜酸化窒素の発見者として知られている。いまでも時に歯科治療などで用いられる「笑《しょう》気《き》ガス」である。このガスは神経を麻《ま》痺《ひ》させるので、麻薬のような効果がある。イギリスの社交界では一時期、このガスを吸う遊びが大流行した。デービーは人気教授となり、有料の公開講座や寄付によって、豊かな研究資金を得た。

この資金を使って、デービーは大量の電池を作った（特許といったものはなかった）。す

でに同じイギリスのウィリアム・ニコルソン（1753～1815）が、何気なく電池の二つの電極を水中（蒸留水《じょうりゅうすい》ではなく多少の電解質《でんかいしつ》がとけていたのだろう）に差し込むことで、水の電気分解に成功していた。デービーは豊富な資金を用いて、さまざまな化合物の電気分解に成功した。いままで人類が単体としては取り出せなかった元素が、次々に出現することになる。

カリウム、ナトリウム、バリウム、ストロンチウム、カルシウム、マグネシウム……。これらはすべて、デービーの手によって初めて単体として出現した金属である。物理学の世界では、ニュートンが神の秘密のカードをすべて開いてしまい、ラグランジュやラプラスには、わずかなカードしか残されていなかった。しかし化学の世界では、数限りもないほどのカードが用意されていたのだ。

デービーはニュートンのような集中型の人物ではなかった。むしろ社交術にたけた世俗的な人物で、資金集めの才能があったというべきだろう。だが、デービーの弟子に、生真面目で集中型の人物がいた。マイケル・ファラデー（1791～1867）、製本屋の小僧さんから出発した立志《りっし》伝中《でんちゅう》の人物である。学歴はなかったが、製本屋に勤務していたために本を読んで勉強し、公開講座にも出向いて綿密なノートをとった。そのノートが認められて、デービーの助手になることができた。

デービーとしては、実験装置を準備する職人として雇っただけなのだが、手先が器用だったファラデーは精密な実験器具を創作して貢献した。そのため初期のファラデーの功績はすべて師のデービーの手柄になってしまったのだが、デービーが引退したあとも、ファラデーは次々と大発見をした。そのためいまではデービーといえば、製本屋の小僧さんだったファラデーの才能を見抜いた教授として、かろうじて歴史に名を残しているだけの存在になってしまった。

天才たちが「電磁気」の存在に気づかなかった理由

それほどにファラデーは偉大な人物である。しかしファラデーの偉大な発見には、先駆者がいる。いまだに名前も伝えられていない一人の学生だ。

デンマークにハンス・エルステッド（1777～1851）という物理学者がいた。すでに電池による電流の実験が大流行になっていた時期だった。エルステッドも自分の教室で、学生たちに電流の実験を見せていた。一説によると、この時、余所見《よそみ》をしていた学生が、たまたま実験台のわきにあった磁針《じしん》（方位磁石《ほういじしやく》）が、先生が回路のスイッチを入れた瞬間に、わずかに揺れ動いたことに気づいた。

ここからすべてが始まった。この電線と磁石には、神が用意した最大級の切り札が秘められていたのだ。エルステッドの発見（というか余所見をしていた学生の発見）の翌年、ファラデーは電流を流すと固定した磁石の周囲を電線が回転する装置（およびその逆に電線の周囲を磁石が回転する装置）を作った。すぐに実用に使えるというものではないが、とにかく電動モーターの原型ができたことになる。製本屋の小僧さんから出発したファラデーは手先が器用だった。原理を追究するよりも、いきなり装置を作ってしまったのだ。そしてファラデーは、一気に発電器の発明に到達する。

電磁気学の歴史はこんなふうに始まった。ファラデーのエピソードやその後の歴史について語っていくと、それだけで一冊の本ができてしまう。ここでは電磁気学の原理だけをごく簡単に語ることにしよう。電気と磁気というのは、実は同じものだ。電気のそばには磁気があり、磁気のそばには電気がある。やがてフランスのアンドレ・アンペール（1775～1836）、イギリスのウィリアム・スタージョン（1783～1850）、アメリカのジョゼフ・ヘンリー（1797～1878）、それに前述のファラデーらが、同時並行的に電気の本質に迫っていった。

電線をツルマキバネのように巻いて（これをコイルと呼ぶ）電流を流すと、磁石になる。逆に永久磁石をコイルに近づけていくと、電流が流れる。まだ原理はよくわからなかったが、とにかく発電器が発明され、水車や風車で磁石を回転させれば、電気を作り出せるようになった。火力発電や原子力発電でも、噴出する蒸気でタービン（風車）を回しているので、仕組みは同じである。

電磁気力も重力も、力であるという点では同じである。力があれば物体を加速する（要するに動かす）ことができる。しかし電磁気力には重力にはない特質がある。プラスとマイナスがあるということだ。プラスとプラス、あるいはマイナスとマイナスは斥力《せきりょく》（反発する力）、プラスとマイナスは引力になる。最もシンプルな原子である水素原子は、1個の陽子と1個の電子で構成されている。陽子は質量をもち（陽子1個の質量があらゆる物質の質量の基本単位となる）、さらにプラス1の電気を帯びている。電子は質量がほとんどなく、マイナス1の電気を帯びている。

電磁気力にプラスとマイナスがあるということが、この力を人間の目の前から隠してしまっていた。天体の運動はもとより、わたしたちの日常生活でも、重力がつねに働いていることはわかるが、電気の存在は、コンセントや電池がないと見えてこない。だからこそ、ダ・

ヴィンチもニュートンも電気の存在に気づかなかった。しかし驚くべきことに、電磁気力は重力の1兆倍の1兆倍のそのまた1兆倍も強い力なのだ。そんな強い力がなぜ見えてこないかといえば、プラスとマイナスが打ち消し合って、表面には現われないからだ。人類の前にはただ磁石と静電気というカードが開かれていただけだった。

どうすれば電気を発生させることができるか

ところで、発電というものは、いったいどういう仕組みになっているのだろうか。図⑫を見ていただきたい。コイルと棒磁石（永久磁石）を並べただけの簡単な装置である。コイルを電池などにつなぐ必要はないが、回路に電流が流れていることを確認するため電球がつけてある。棒磁石は中央に支点があって回転できるようになっている。さて、この棒磁石を水車や風車にセットすれば本格的になるのだが、これは読者に説明するための思考実験（頭の中だけの仮想の実験）だから、自分の手で回すことにしよう。この棒磁石をぐるぐると手で回すと、電球が点灯する。つまりこれだけの仕組みで発電器になっているのだ。

こんな簡単な装置でなぜ発電ができるのか。こんなふうに考えてほしい。棒磁石が回転す

図⑫　発電の仕組み

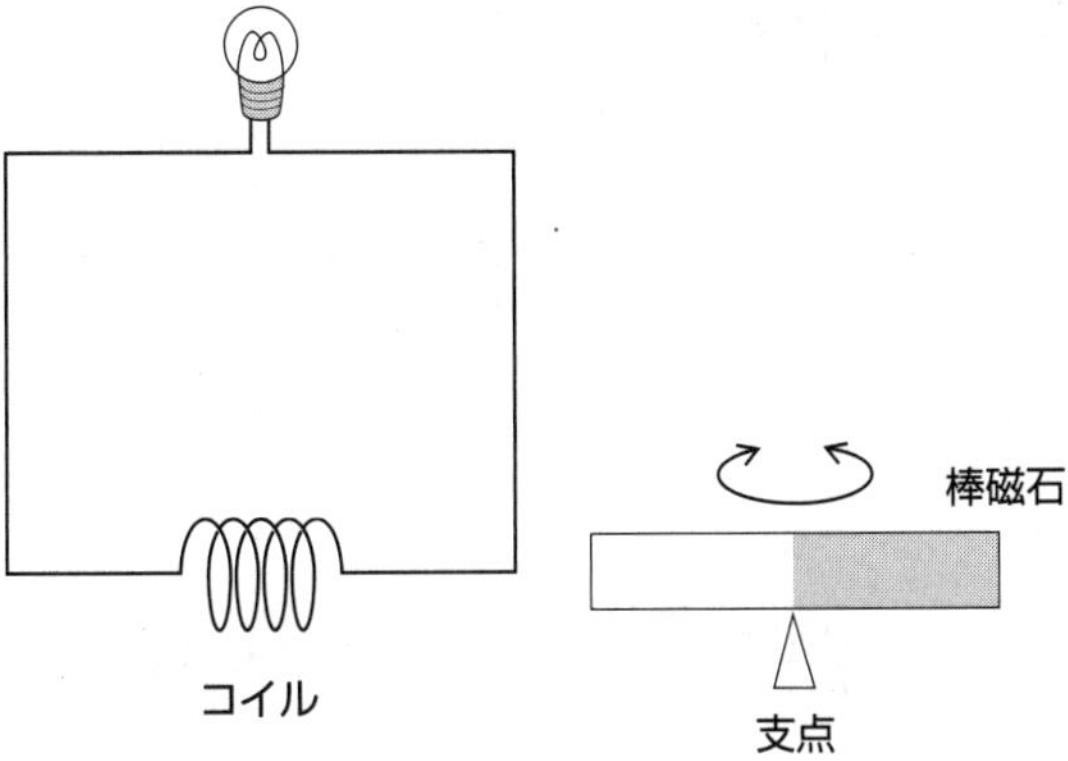

るということは、たとえば片方のN極（磁針として使用した時に地球の北極を指す側）がコイルに向かって近づいていく。と思ったら今度はN極が遠ざかり、反対のS極が近づいてくる。N極とS極が周期的に交替することを磁場の周期的変化というのだが、エルステッドやファラデーが発見したように、磁場が変化すると、コイルには電流が流れるのである。

だがこの電流は、電池をつないだ時のような直流ではない。N極が近づいてくる時と、S極が近づいてくる時とでは、コイルを流れる電流は逆向きになる。つまり棒磁石の回転に対応して、コイルの中を電流が行ったり来たりすることになる（これを交流という）。

当然、電球は点滅することになるのだが、これは問題ない。実はわたしたちの自宅にある電球（白熱電球）も本当は点滅しているのだが、点滅の速度が速いので

図⑬　変圧器の仕組み

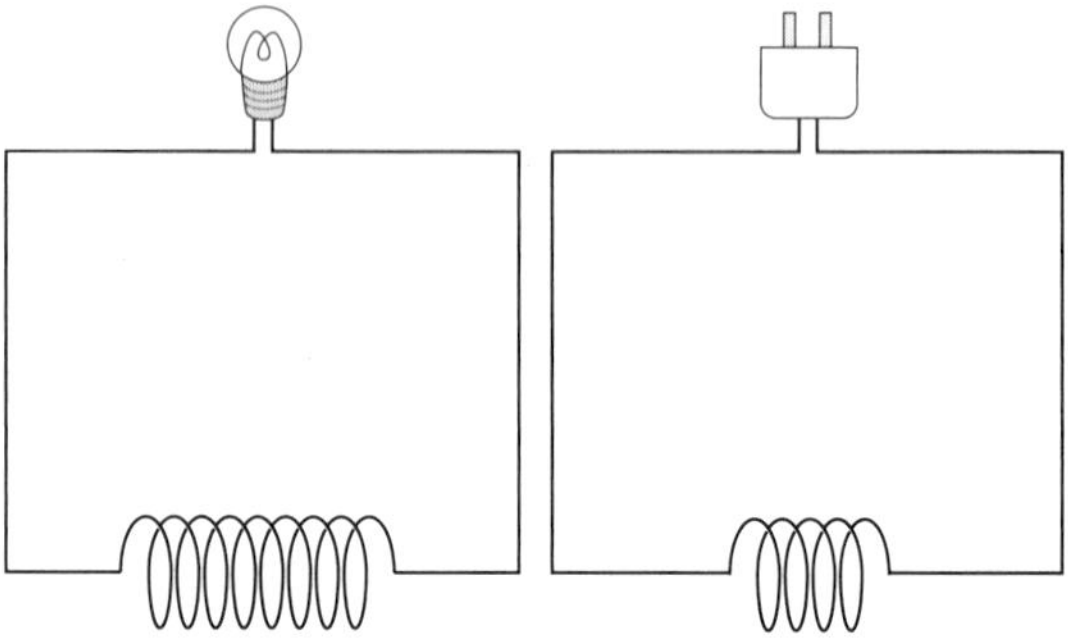

肉眼では確認できないし、だから生活に何の支障もないのだ。パソコンやケータイなど電池（直流）で動く装置を交流で使用したり充電する場合には、コンバーターで反対向きの電流を遮断（熱にして捨ててしまう）すればいい。

交流の長所は水車や風車を利用して大量の電力を得ることができる点だ（電池の場合はリチウムや亜鉛などの金属資源を消費してしまうことになる）。もう一つの長所は、簡単な仕組みで交流モーターを作ることができる点だ。というか、先ほどの図で示した発電の原理は、そのまま交流モーターの原理になっている。図⑫の電球のところを、コンセントに差し込むプラグに替えて、コイルに交流を流してみる。するとコイルは、N極とS極が連続して反転する電磁石になる。これは棒磁石が回転するのと同じことだ。するとその回転にシンクロして、コイルの右側の棒磁石が回転することになる（これはあくまでも思考実験だ。実際はなめらかに回転させるための細かい工夫が必要になる）。交流モーターの完成である。

交流を流したコイルは連続的に反転する棒磁石になるということなら、こんな思考実験も可能になるだろう。先ほどの図⑫の右側の棒磁石を、交流のコンセントにつないだコイルに置き換えるのである。手で回す棒磁石と、交流を流したコイルは原理的にまったく同じものだから、当然、左側のコイルには交流が流れる。右側のコイルに交流を流して、左側のコイルに交流を発生させるわけだ。それだけでは何の実用にもならないと思われるかもしれないが、左側のコイルの巻数を2倍にしておくと、電圧が2倍になる。すなわち、変圧器の完成である（図⑬）。簡単に電圧を変換できるというのも、交流の大きなメリットなのだ（高圧線で電気を流すとロスが少なくなる）。

電波と光は、まったく同じものだという驚きの事実

変圧器の場合、片側のコイルに電流（交流）が流れると、反対側のコイルにも電流が流れ

るわけだが、回路の電線がつながっているわけではない。コイルとコイルの間の空間を電気が伝わっていくことになる。この空間では何が起こっているのか。目で見ることはできないし、手で触れることはできないけれども、電磁場の連続的な変化という現象が、その空間で起こっているのだ。そこで、コイルとコイルの間を少し離してみたらどうなるだろうか。電磁場の変化は一瞬に伝わるのか、それとも、距離が離れた空間を伝わっていくのに、一定の時間がかかるのか。結論をいえば、時間はかかる。電磁場の変化は、ある速度で空間を伝わっていく。

この一定速度で伝わっていく電磁場の連続的な変化のことを電磁波《でんじは》、あるいは単に「電《でん》波《ぱ》」と呼ぶ。電波の速度を測定し、最終的に電磁気学を完成に導いたのは、スコットランドの物理学者、ジェイムズ・マックスウェル（1831～1879）だった。驚くべきことに、電波の速度は、光の速度とまったく同じだったのだ。このことから、電波と光とは、まったく同じもの（振動数＝周波数が違うだけ）だと考えられるようになった。

棒磁石を手で回転させるだけでも電波は発生する。1秒に1回だと、波長が30万キロという途方もない電波になる（山と谷でできた波の一サイクルの長さが30万キロではもはや「波」とは言えないかもしれないが）。モーターのような回転する磁石からは電波が発生する。その振動数がラジオやテレビの電波と同じだと、雑音が発生することになる。石焼き芋の石は、熱によって石の分子（主に酸化ケイ素）が激しく振動する。そこから電波と可視光線の中間の遠赤外線《えんせきがいせん》と呼ばれる電磁波が発生する。金属の原子は、変化しやすい電子をもっていて、熱の吸収と発散をくりかえし、発散する時には固有の振動数の電磁波を放出する。赤から紫に到る可視光線はそのようにして生まれる（紫のほうがエネルギーが大きい）。太陽からはもっとエネルギーの大きい（振動数の多い）電磁波が放出されている。紫外線、X線、ガンマー線である。エネルギーの大きな電磁波は、細胞や遺伝子を破壊するので有害である。

電気とは何か、電波とは何かという、やや長い説明をしたのは、ニュートンやラプラスによってほとんど完成したかに見えた物理学の世界観が、その後どのように拡大していったかを、読者にご理解いただきたかったからだ。

ニュートン力学を修正した、アインシュタインの功績

ところで、物理学においては、CGS単位系というものが用いられる。センチという長さ、グラムという重さ、秒という時間の単位のことだ。メートルとキロを用いたMKS単位系と

いうのもあるが、三つの単位が必要であるという点では同じことだ。しかし長さの単位は地球の大きさ（1周約4万キロメートル）をもとにしたものだし、グラムは水の重さ（1立方センチが1グラム）、時間は地球の自転（24時間）をもとにしている。水の重さも立方センチが関わっているので、結局のところ、すべての単位は地球のサイズをもとにしている。これはいかにも自己中心的な単位だ。そこで、地球のサイズとは無縁の、宇宙全体に対応する普遍的な単位というものが検討され、その候補として、三つの定数が挙げられている。これはまるで、神の賜物というべき、黄金比のような三つの定数である。

一つはニュートンの重力定数Gである（万有引力の基礎となる定数）。

もう一つは不確定性原理のところで出てきたプランク定数hである（光のエネルギーの最小単位でもある）。

そしてもう一つが、光速度である。

光の粒子説を唱えて、プランク定数の重要性を指摘したのは、ドイツ生まれでのちにアメリカに帰化した物理学者、アルベルト・アインシュタイン（1879～1955）だが、ハイゼンベルク（1901～1976）の不確定性原理も、アインシュタインとの論争の中で生まれたものだ。そして、光速というものの重要性が認識されるようになったのも、アインシュタインの相対性理論によるものだから、この二つの定数は、アインシュタインの功績によって認識されたといってもいい。ニュートンの世界観は、アインシュタインの出現によって修正を迫られることになった。

光速（電波の速度も同様）はつねに一定である。しかし光速がつねに一定だというのは、ある意味で奇妙なことだ。地球は太陽の周囲を高速で移動しているから、進行方向（あるいはその反対）に向かって移動する光の速さは、異なって見えるはずだ。窓を開けて車を走らせると、止まっている空気が風と感じられるように、空間の中を移動している地球からは、光速度は方向によって異なっていなければならない。ところがどんなに厳密に測定しても光速はつねに一定なのだ。

空間が縮む、というアイデアでこの現象を説明したのがアインシュタインだった。ニュートン力学では解決できない諸問題を、アインシュタインの相対性理論は見事に解決した。空間は縮むだけでなく、太陽のような巨大な質量の周囲では、空間が歪み、光は曲がることになる。さらに太陽の近くを回っている水星の軌道にも影響が出るはずだ。

実は水星の軌道が微妙に振動していることが、ずっと以前から観測されていた。天王星の振動から、海王星が発見されたように、天文学者たちは水星よりも内側の軌道を回る新たな

図⑭　太陽の重力で光が曲がる

惑星の存在を予測し、バルカンという名前までつけていたのだが、そのような惑星は発見されなかった。アインシュタインの相対性理論はこの問題を解決するとともに、日食（太陽が月によって隠される現象）の観測によって、確かに本来なら太陽の縁に隠されるはずの恒星が見える位置にあることが確認された。太陽の重力によって光が曲がることが実証されたのだ（図⑭）。この結果、アインシュタインはニュートン以来の英雄となった。

完全無欠と思われたニュートン力学は、スケールの大きな領域ではアインシュタインの相対性理論によって修正されなければならず、またスケールの小さな領域ではヴェルナー・ハイゼンベルクの不確定性原理によって修正されることになる。

ところで、アインシュタイン自身はニュートンに似た集中型の人物で、神の絶対性を信じていたと思われる。なぜなら、ハイゼンベルクが不確定性原理を提出し、微小な世界では確率論だけが真実であると主張した時、アインシュタインは知人にこんな言葉をもらしたと伝えられているからだ。

「神はサイコロ遊びを好まれないだろう……」

エピローグ

考える葦《あし》としての人間

――神、宇宙と一対一で勝負する偉大さ

中国や日本では、なぜ科学が発達しなかったか

宗教と科学。

両者はけっして対立するものではない。むしろ神と科学的原理とは不可分なものであり、神を信じるがゆえに、多くの科学者は世間と対立することを恐れずに研究に没頭したのだった。彼らは時には孤独の淵《ふち》に身をひそめ、時には秘密結社のようなものに加わりながら、ひたすら「原理」を追究し続けた。

ダ・ヴィンチからニュートンへの流れを追い、さらにニュートン以後(少し駆け足になったが)についても述べてきた。原子(陽子や電子や他の素粒子)について、あるいはＤＮＡについて述べるゆとりはなかったが、神と人間との壮絶な知恵比べのドラマの面白さは、お伝えできたと思う。

この本をしめくくるにあたって、最後に、ブレーズ・パスカル(1623～1662)のことを書いておきたい。フランスの思想家である。時代からするとガリレイとニュートンの間に位置している。重力の法則には関わらなかったので、ここまでの文脈では触れることができなかったのだが、神を信じると同時に、神と一対一で対決するという強い信念をもっていた点

では、パスカルは最も際立った人物だった。

わたしは中国や日本でなぜ科学が発達しなかったか、そのことに疑問をもっていたのだが、結局のところ、中国にも日本にも、キリスト教のような絶対的な神が存在しなかったからだろうと思う。神がなければ、秘密結社も必要ないし、神が伏せたカードを開いていく喜びもない。つまり科学の発達は神がもたらしたものなのだ。そして、神の前に置かれた無力な人間の、ささやかだけれども果敢《かかん》な心意気を、いくぶん謙虚に、しかしきっぱりと言いきったのが、ブレーズ・パスカルだった。

その言葉をご紹介するまえに、まずは簡単にパスカルの生涯を振り返ってみよう。裕福な家庭に生まれたパスカルは、病弱だったこともあり、仕事にも就《つ》かず、生涯を寝室と書斎で過ごした。幼い頃は父親の命令でラテン語と古典以外の勉学が禁じられていたのだが、一二歳の時に姉に「幾何学とは何か」と尋ね、「図形についての学問」だと教えられると、たちまちユークリッド幾何学の基礎となる32の定理を独力で発見したと伝えられる。

その後も数学の才能を発揮し、一六歳で「円錐曲線論」を出版した。これはトポロジーと呼ばれる現代数学の原理を先取りしたものといわれている。さらに一九歳の時に歯車式計算機を発明し（税務官だった父の労苦を見かねてのプレゼントだった）、年上の友人のピエール・フェルマー（1601～1665）との文通で確率論の基礎を築き、また三九年しか生きなかった彼の生涯では晩年といえる三五歳に、サイクロイドと呼ばれる曲線に関する難問を解いたが、これには微積分を先取りする方法を用いていた。この問題を解いたのは、夜中の歯痛をまぎらせるためだったといわれている。

パスカルの名前は小学生でも知っている。天気予報では必ず、ヘクト・パスカルという気圧の単位を耳にするからだ（1平方メートルに1ニュートンの力がかかっている状態を1パスカルという。ヘクト・パスカルはその100倍）。パスカルは気圧という概念を確立した科学者として、歴史に名が刻まれているのだ。

ガリレイの晩年の弟子のエヴァンジェリスタ・トリチェリ（1608～1647）が、師がやり残した気圧の研究を続け、大きな水槽に入れた水銀の上に水銀で満たしたガラス管を立て、その上部に真空ができる実験をした（図⑮）。これを聞いたパスカルは水や赤ワインで実験した。水銀柱ならガラス管は1メートル以下（トリチェリの実験では水銀の高さは76センチだった）でいいが、水の場合は10メートル以上のガラス管が必要であるから、これは大変な実験である（水銀76センチぶんの重さが地表上の空気の重さに対応している。水銀の重さは水の13・5倍であるから、水の場合のガラス管は10メートル半ほど必要である）。さらにア

図⑮　「気圧」の実験

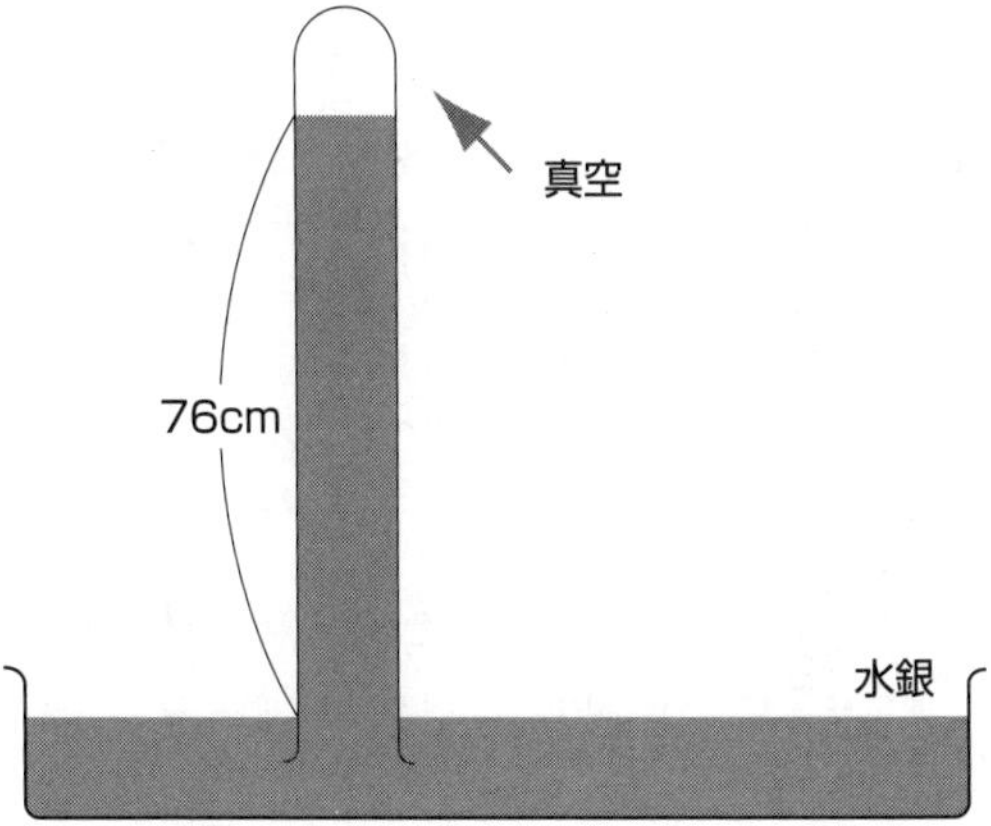

ルプスの高原でも同様の実験をして、気圧の原理を発見した（高地では空気がうすいので気圧が低くなる）。もっとも自分でアルプスに登ったわけではなく、姉の夫に頼んだのだが。

パスカルの大発見はこれだけではない。古代ギリシャのアルキメデスが発見した浮力の法則を、原理的に説明し、さらに閉ざされた管の中の圧力の法則を発見した。これはピストンの原理で、これがなければ、自動車の油圧ブレーキの発明はなかった。このように数多くの発見をしたパスカルだが、彼は大学で専門の教育を受けたわけではなく、また研究室で持続的に研究をすることもなかった。パスカルはただ気まぐれに、神が伏せたカードの数枚を開いてみただけのことだ。結局のところパスカルにとって、物理学や数学は、ただのひまつぶしか、歯痛をまぎらせるその場しのぎの気晴らしにすぎなかった。

考える人間は、神をも包む存在である

パスカルが本当に興味をもっていたのは、神とは何かということだけだった。神の存在を疑っていたわけではない。ただプロテスタントという新たな信仰が津波のように押し寄せてきた時代だったから、カトリックの伝統的な神のイメージを守らなければならぬという義務感を覚えていたようだ。パスカル自身、カトリックが教える形骸化した宗教には満足できなかったが、プロテスタントがもたらす合理主義や個人主義には、もっと大きな危機感を感じていた。

パスカルは一種の秘密結社に近づいていく。ポール・ロワイヤル修道院を拠点とする、ポール・ロワイヤル派と呼ばれる集団があった。妹がこの修道院に入っていたのだが、弾圧によって命を落とすことになった。そのためパスカル自身が修道院に入って、隠棲《いんせい》生活を送ることになる。この修道院でひたすら禁欲的な修行を続けている人々は、キリスト教の神学者

でありながらグノーシス派にきわめて近く、さらに光と闇の哲学を究めたマニ教にも影響を受けたアウレリウス・アウグスティヌス（354～430）の世界観を踏襲《とうしゅう》するジャンセニスム（オランダの神学者コルネリオ・ヤンセンが提唱したのでこう呼ばれる）の信徒であった。

パスカルの論敵は、プロテスタントではなかった。同じようにプロテスタントに対する危機感からカトリックの改革を目指したジェズイット派（日本にキリスト教を伝えたフランシスコ・ザビエルが所属していたイエズス会）との間に、激しい論争が展開された。イエズス会は清貧、真理、従順といった道徳を重んじ、布教活動を実践する集団だから、ひたすら神の恩寵《おんちょう》を信じ、グノーシス的な修行に没頭するジャンセニスムを異端として糾弾した。

そのため三〇歳を過ぎてからのパスカルは、あの歯痛に悩んだ夜を除いては、神のことしか考えなかった。これは科学の歴史にとっては何とも残念なことだ。パスカルが本気で物理学を研究していたら、ニュートンよりも先に偉大な発見をしていたかもしれない。

パスカルの死後、膨大なノートが発見され、甥の手によって出版された。これが哲学史の中に燦然《さんぜん》と輝く「パンセ」（「考えたこと」という意味）である。その中の、あまりにも有名な一節を引用しよう。

人間は自然の中で最も弱い一本の葦でしかない。しかし人間は考える葦である。人間を倒すのに宇宙は武器を必要としない。一陣の風、一滴の水が、人間の命を奪う。だが宇宙が人間を倒す時、人間は宇宙よりも高貴である。なぜなら人間は自分が限られた命しかないことを知っている。自分の無力と、宇宙の偉大さを知っている。宇宙は人間について、何も知らない。

ここで「宇宙」と呼ばれるものは、神が創り出した宇宙であり、神そのものといってもいい。宇宙の前で、人間は無力だ。しかし人間は「考える」ことができる。考えることによって、人間は宇宙を包み込む（フランス語で「知る」と「包む」とは同じ言葉 comprendre である）。つまり人間は、宇宙よりも大きな存在なのだ。

もちろん、ここでいう人間とは、「考える人間」に限られる。しかもパスカルのような天才的な思考力をもった人間に限られるのかもしれない。パスカルは歯痛をまぎらせるために、ニュートンに先だって微積分のアイデアを思いつくような天才であった。だからこそ、神を信じ、神の偉大さを解き明かすことに生涯を献げたパスカル自身は、神の前にひれふすことなく、「考える人間は神をも包む」と宣言しているのだ。

少なくともパスカルは、神の前にただ一人で立ち、差し（一対一）で勝負しようとしている。勝負するというのは、神が伏せたカードを、自分の力でめくってみせるということだ。ダ・ヴィンチも、ガリレイも、ニュートンも、そしてアインシュタインも、そのように、ひとりきりで神の奥義《おうぎ》（ミステリウス）を明らかにした。

確かに、いまだに神の秘密は、そのすべてが明らかにされたわけではない。宇宙の始まりについても、宇宙の終わりについても、わたしたちは何も知らない。ダ・ヴィンチやニュートンが束《たば》になってかかっても、宇宙の謎は深く、果てしもなく伏せられたカードが用意されている。

だが、神が用意した秘密のカードを、一枚、また一枚とめくっていく人間の姿は、果敢であり、美しく、偉大である。その一瞬、考える葦としての人間は、宇宙を、そして神を、すっぽりと包み込んでいる。そのことを思えば、わたしはダ・ヴィンチでもニュートンでもないが、この世に人間として生まれたことを、誇りに思いたい。

図版作成　日本アートグラファー

★読者のみなさまにお願い

この本をお読みになって、どんな感想をお持ちでしょうか。次ページの「100字書評」（原稿用紙）にご記入のうえ、ページを切りとり、左記編集部までお送りいただけたらありがたく存じます。今後の企画の参考にさせていただきます。また、電子メールでも結構です。

お寄せいただいた「100字書評」は、ご了解のうえ新聞・雑誌などを通じて紹介させていただくこともあります。採用の場合は、特製図書カードを差しあげます。

なお、ご記入のお名前、ご住所、ご連絡先等は、書評紹介の事前了解、謝礼のお届け以外の目的で利用することはありません。また、それらの情報を六カ月を超えて保管することもありません。

〒一〇一—八七〇一　東京都千代田区神田神保町三—六—五　九段尚学ビル
祥伝社　書籍出版部　祥伝社新書編集部
電話〇三（三二六五）二三一〇　E-Mail : shinsho@shodensha.co.jp

キリトリ線

★本書の購入動機（新聞名か雑誌名、あるいは○をつけてください）

＿＿＿＿新聞の広告を見て	＿＿＿＿誌の広告を見て	＿＿＿＿新聞の書評を見て	＿＿＿＿誌の書評を見て	書店で見かけて	知人のすすめで

★100字書評……ダ・ヴィンチの謎　ニュートンの奇跡

名前

住所

年齢

職業

三田誠広　みた・まさひろ

1948年、大阪府生まれ。早稲田大学第一文学部卒業。1977年、『僕って何』で芥川賞受賞。日本文藝家協会副理事長。キリスト教、仏教、物理学、化学に造詣が深く、小説に留まらない幅広い執筆活動を行なう。『ユダの謎　キリストの謎』（祥伝社ノン・ブック）、『父親が教えるツルカメ算』『団塊老人』（新潮新書）、『空海』（作品社）、『天才科学者たちの奇跡』（PHP文庫）など著書多数。

ダ・ヴィンチの謎《なぞ》　ニュートンの奇跡《きせき》

「神の原理」はいかに解明されてきたか

三田《みた》誠広《まさひろ》

2007年3月5日　初版第1刷

発行者……………深澤健一

発行所……………祥伝社しょうでんしゃ

〒101-8701　東京都千代田区神田神保町3-6-5

電話　03(3265)2081(販売部)

電話　03(3265)2310(編集部)

電話　03(3265)3622(業務部)

ホームページ　http://www.shodensha.co.jp/

装丁者……………盛川和洋　イラスト……………武田史子

印刷所……………萩原印刷

製本所……………ナショナル製本

Printed in Japan　ISBN978-4-396-11062-8　C0214